Baumer · Else Lasker-Schüler

KÖPFE DES 20. JAHRHUNDERTS
Band 135

Franz Baumer

Else Lasker-Schüler

EDITION COLLOQUIUM

Vom selben Autor sind in dieser Reihe lieferbar:
Band   18: Franz Kafka
Band   48: Ernst Jünger
Band   85: Erich Maria Remarque
Band 102: Carl von Ossietzky
Band 110: Arthur Schnitzler
Band 118: Christa Wolf

Die Deutsche Bibliothek – CIP-Einheitsaufnahme

Baumer, Franz:
Else Lasker-Schüler/Franz Baumer. – 1. Aufl. –
Berlin: Ed. Colloquium im Wiss.-Verl. Spiess, 1998
    (Köpfe des 20. Jahrhunderts; Bd. 135)
    ISBN 3-89166-982-8
NE: GT

1. Auflage

© 1998 Edition Colloquium im
Wissenschaftsverlag Volker Spiess GmbH, Berlin
Satz: Volker Spiess, Berlin
Druck: Ebner Ulm
ISBN 3-89166-982-8

Die goldene Stadt der Seele

»Wir sind von Sternen eingerahmt
Und flüchten aus der Welt«

Eine Weltflüchtige, die sich den Bedrohungen ihrer Zeit und allem Weltlich-Feindlichen entgegenstellte, das ein schrankenlos großes Herz zu beleidigen vermochte, ist sie immer gewesen, eine poetische Existenz, deren Gefühl sich ins Kosmische weitete, um unter den Sternen ihre Heimat zu finden.

Vorläuferin, Vollenderin und Überwinderin des Expressionismus hat man sie genannt. Aber nicht literaturwissenschaftliche Klassifizierungen bringen uns dem Wesen dieser Dichterin näher, in deren Leben und Werk sich Überschwenglichkeit und Schwermut, Naturfrömmigkeit und Exaltiertheit, Mystik und Formwille, Hingabe und Auserwähltheitspathos, Traumverlorenheit und Alltagsmisere, Erotik und Priesterinnengestus, Leidenschaft und Kindhaftigkeit in schillerndem Wechselspiel begegnen und bekämpfen, erkennen und befrieden. Die kleine, knabenhaft schlanke Person mit ihrem tiefdunklen Haar und der emanzipatorischen Pagenfrisur, den ausdrucksvollen schwarzen Augen und dem rätselhaft faszinierenden Blick, diese morgenländisch-exotische Erscheinung mit dem magischen Flair ihrer Phantasiegestalten aus Tausendundeiner Nacht, die sich gern in extravagante Röcke, Hosen und Blusen hüllte und, trotz wohlhabendem Elternhaus, arm wie eine Kirchenmaus, sich mit Talmischmuck, Ohr- und Fingerringen, Halsketten und Armbändern behängte, diese Frau, die »das Jüdische und das Deutsche«, wie Gottfried Benn betonte, »in einer lyrischen Inkarnation« darstellte, war eine der markantesten Figuren im literarischen Leben ihrer Zeit.

Der sonst so scharfzüngige Karl Kraus bezeichnete sie 1910 als »die stärkste und unwegsamste lyrische Erscheinung des modernen Deutschland«, Klabund nannte ihre Kunst 1913 »sehr verwandt mit der ihres Freundes, des blauen Reiters Franz Marc«, Kasimir Edschmid sah in ihr 1920 die auf »Mondsicheln« fahrende »bedeutendste Dichterin des jüdischen Volkes seit Jahrhunderten«, und Benn nannte sie in seiner Rede von 1952, sieben Jahre nach ihrem Tod, »die größte Lyrikerin, die Deutschland je hatte«.

»Sie sah die Dinge wie zum erstenmal und sagte sie wie zum erstenmal«, stellte 1966 Friedrich Dürrenmatt fest. Franz Kafka dagegen urteilte 1913: »Ich kann ihre Gedichte nicht leiden, ich fühle bei ihnen nichts als Langeweile über ihre Leere und Widerwillen wegen des künstlichen Aufwandes. Auch ihre Prosa ist mir lästig aus den gleichen Gründen, es arbeitet darin das wahllos zuckende Gehirn einer sich überspannenden Großstädterin.« Gleichwohl fügte er, der sich die Lasker-Schüler »immer als eine Säuferin« vorstellte, »die sich in der Nacht durch die Kaffeehäuser schleppt«, hinzu: »Aber vielleicht irre ich da gründlich, es gibt viele, die sie lieben, Werfel z.B. spricht von ihr nur mit Begeisterung.« Nicht nur Werfel, auch Kafkas Freund und Herausgeber Max Brod war der Dichterin, die des öfteren zu den meist bei stimmungsvollem Kerzenlicht zelebrierten Lesungen von Berlin aus Prag besuchte, freundschaftlich verbunden. Kafkas Abneigung gegen Lasker-Schülers Lyrik und Prosa, der ja tatsächlich etwas Vulkanisch-Eruptives anhaftet, liegt wohl an der anders gearteten Struktur seines Charakters, die es ihm schwer machte, aus dem Gefängnis seiner selbst herauszutreten, um, wie die Dichterin es zeit ihres Lebens versuchte, im Austausch mit einem vertrauten »Du« Kräfte zur Lebensbewältigung und Selbsterfahrung zu mobilisieren. Wo sie sich, um »des Heimwehs qualvollste Angst« zu überwinden, in die Wunderreiche und Märchengestalten ihrer eigenen Schöpfungen, etwa in Jussuf, den Prinzen von Theben, Tino von Bagdad oder den Malik verwandelt, um in ihnen ein zweites, tröstendes »Ich« zu finden, reicht Kafkas Verlangen nach dem verloren gegangenen göttlichen »Gesetz« und die Sonde seiner Träume und Visionen so tief in die Abgründe unseres Seins hinab, daß sein Schreiben unausweichlich zu »Umarmungen« mit »den dunklen Mächten« führt, vor denen jeglicher sprachlicher Gefühlsüberschwang wie Flitter zerschellt.

Warum solche Vergleiche? Weil sie die literarische Landschaft einer Epoche widerspiegeln helfen, deren Zeiterfahrung uns heute hinsichtlich ihrer Krisen- und Umbruchsstimmung vertraut erscheint. Zudem tritt bei aller Verschiedenheit auch Gemeinsames zutage: Dichtung offenbart sich als Katalysator zum zeitlos notwendigen »Erkenne dich selbst!«

Else Lasker-Schüler, die Weltflüchtige, In-sich-selbst-Flüchtende, die ruhelose Vagantin – eines hat sie mit Kafka gemein: die Vorrangigkeit des Innen vor dem Außen, der bedeutungsvollen Traumwelt vor der banalen und bald barbarischen Wirklichkeit. Als Einunddreißigjähriger notierte Kafka: »Der Sinn für die Darstellung meines traumhaften innern Lebens hat alles andere ins Nebensächliche gerückt und es ist in einer schrecklichen Weise verkümmert und hört nicht auf zu verkümmern.«

Etwa zur selben Zeit, schon im Schatten des Ersten Weltkriegs, erscheinen Else Lasker-Schülers »Der Prinz von Theben« sowie der Gedichtband »Meine Wunder« mit dem Siebenzeiler »Ankunft«:

»Ich bin am Ziel meines Herzens angelangt.
Weiter führt kein Strahl.
Hinter mir laß ich die Welt,

Fliegen die Sterne: Goldene Vögel.
Hißt der Mondturm die Dunkelheit –
... O, wie mich leise eine süße Weise betönt ...
Aber meine Schultern heben sich, hochmütige Kuppeln.«

Ein Aufschwung in kosmische Weiten, Heimat im Gren-
zenlosen eines golden besternten Alls mit der Metapher
des »Mondturms«, der, indem er die Dunkelheit »hißt«,
sie in seinem Licht wohl auch auflöst, während die
Heimkehrende sich »betönt« von Klängen findet, die As-
soziationen zur fernen Vorstellungswelt einer »Musik
der Sphären« hervorzurufen vermag. Die letzte Zeile
wiederum: eine Besinnung auf die eigene Körperlichkeit,
auf ein stolzes Ich. Und dies alles bei einer Musik der
Vokale, die den Wortsinn erst zu voller Entfaltung
bringt.
Nicht immer haben wir es mit den »hohen ›Unverständ-
lichkeiten‹« der Lasker-Schülerschen Symbolik zu tun,
von der Karl Kraus einmal bewundernd sprach, wenn
ihre Gedichte auch – und wo wäre das bei großer Lyrik
je anders – vielfältiger Auslegung fähig sind. Das Turm-
Motiv aber, oft als Metapher, hier im Bilde des »Mondturms« eingesetzt, erscheint im Werk der Dichterin in
vielen Varianten. Immer ist damit ein erhöhter Stand-
punkt gemeint, von dem aus die Niederungen der Welt
zu betrachten sind. So bewohnt beispielsweise in der
Kaisergeschichte »Der Malik« (1919) die »abendländi-
sche Dichterin« ein bescheidenes Hotelzimmer, das jedoch »hoch in einem Turme« liegt, und in der Erzählung
»Der Wunderrabbi von Barcelona« (1921) wird von einer Dichterin aus dem »Judenvolke« berichtet, deren Vater »mit dem Bau der Aussichtstürme der grossen Städte
Spaniens betraut war.«
Wahrscheinlich reicht die Herkunft des Turm-Motivs
bis in die Kindheit zurück, wo möglicherweise das Wuppertaler Wohnhaus in seiner talseitig etwas abfallenden

Gartenfront als Turm erlebt wurde. Das Höhenstreben jedenfalls ist eine frühe Wunschvorstellung der Dichterin gegen alle Unzulänglichkeiten der Welt. Stets erhebt sie sich dagegen in die lichten Reiche einer poetischen Sagenwelt, die sie als ihre wahre Heimat empfindet. »Ich glaube, ich bin am Anfang aus einem goldenen Stern, aus einem funkelnden Riesenpalast auf die schäbige Erde gefallen«, heißt es in dem 1913 erschienenen Band »Essays und andere Geschichten«.

Die Traumverlorene, die der Unbill des Lebens durch Romantisierung und Poetisierung der Welt zu trotzen versuchte, war eine große Liebende. »Bis zum Lebensende«, konstatiert ihre Biographin Erika Klüsener, »behält sie die Fähigkeit, sich bedingungslos zu verlieben mit all der Leidenschaft und Unvernunft eines immer jung gebliebenen Herzens.« Gleichzeitig jedoch sieht sie sich schon als junge Frau gefangen »von Einsamkeiten«, trauert dem »Hyazinthentraum« einer »jung gestorbenen Liebe« nach, erlebt »brütende Finsternisse«, in denen Hyänen hungrig über ihre Träume schleichen, bis hin zum »Grauen der Einsamkeit«, das sie im Alter befällt.

»Der schwarze Schwan Israels, eine Sappho, der die Welt entzwei gegangen ist«, so ihr Mentor, der Schriftsteller und Bohémien Peter Hille, manifestierte sich als Lyrikerin, Prosaistin und Dramatikerin. Manche ihrer Dichtungen bereicherte Else Lasker-Schüler durch eigene Feder- oder Bleistiftzeichnungen in schwarz-weiß oder mit Farbstiften, Kohle, Kreide oder Ölkreide koloriert, lebendige Gebilde von großer Ausdruckskraft, in denen ihr kunsthistorisch noch immer nicht entsprechend gewürdigtes Zeichentalent als echte Doppelbegabung zum Ausdruck kommt.

»Ich sterbe am Leben und atme im Bilde wieder auf«, sagt sie in dem 1912 erschienenen »Liebesroman mit Bildern und wirklich lebenden Menschen«, dem in Briefform gestalteten Prosawerk »Mein Herz«. Den Bildern verschrieben ist ihre Sprache auch in dieser der Lyrik verwandten Dichtung, in der die Worte wie mit dem Flügelschlag bunter Vögel daherkommen. »Ich erlebe alle Arten des Herzens, nur den Bürger nicht«, heißt es da, und weiter: »O, die Herzensangst, wenn das Herz versinkt in einem Wassertrichter oder zwischen Erde und Himmel schwebt in den Zähnen des Mondes ...« Ein neugewähltes Berliner Lieblingscafé beschreibt sie: »Was ist das? Wart Ihr schon dort, Ecke Kurfürstendamm und Wilmersdorferstraße, im Café Kurfürstendamm? Ich bin zum Donnerwetter dem Café des Westens untreu geworden; wie einen Herzallerliebsten hab ich das Caféhaus verlassen, dem ich ewige Treue versprach. Das Café Kurfürstendamm ist eine Frau, eine orientalische Tänzerin. Sie zerstreut mich, sie tröstet mich, sie entzückt mich durch die vielen süßerlei Farben ihres Gewands. Eine Bewegung ist in dem Café, es dreht sich geheimnisvoll wie der schimmernde Leib der Fatme. Verschleierte Herzen sind die sternenumhangenen, kleinen Nischen der Galerien. O, was man da alles sagen und lauschen kann – leise singen Violinen, selige Stimmungen.«

Von einer erdenfernen, äußerst verletzlichen Sensibilität ist diese Dichterin, die dennoch die Welt mit einem zärtlichen Herzen liebt. »Wenn Ihr eine Rose seht, sagt, ich laß sie grüßen.«

Auch dieser Satz steht in »Mein Herz«. Und gleich darauf dann: »Aber wer weiß von meinem Herzen? ... Ich liege zwischen Meer und Wüste, ein Mammuth. Mein Bau ist furchtbar und vornehm. Erschreckt bitte nicht.« Durch Bilder einer traumhaften Architektur werden Herz und Seele in ihrer stolzen Einmaligkeit beschworen: »Eine feine ganz goldene Stadt ist meine Seele, lauter Wandelgänge von Palast zu Palast. Und ihre Landschaften übersteigen die Schönheiten aller Länder.«

Bekannte Namen zählten zum Kreis von Lasker-Schülers Freunden und Bewunderern. Erwähnt seien neben den schon genannten Gottfried Benn, Peter Hille, Karl Kraus, Franz Werfel und Max Brod unter den Schriftstellern und Dichtern nur noch Peter Baum, Theodor Däubler, Alfred Döblin, John Heartfield, Rainer Maria Rilke sowie der junge Trakl; unter den Malern George Grosz, Oskar Kokoschka und Franz Marc, ihr »blauer Reiter«, zu dem sie eine brüderliche, künstlerisch bedeutsame, tiefe und auf Gegenseitigkeit beruhende Zuneigung empfand.

Schon diese Namen, so unterschiedlich Temperamente und Schicksale ihrer Träger sind, vermitteln eine Zeitstimmung, die auch auf Else Lasker-Schüler ihren Einfluß ausübte. Bei allem Bemühen der Dichterin um Selbststilisierung, mystifizierende Verschleierung und Legendenbildung ist ihr Werk autobiographisch wie kaum ein anderes. Und hierin wird es zum Zeitzeugnis, ist es Ausdruck des Zeitgefühls einer ganzen Epoche. Dabei stellt sich die Erinnerung an eine andere ungewöhnliche Frau ein, an die zwei Jahre jüngere Franziska zu Reventlow. Auch im Werk der in die Schwabinger Bohème Münchens eingetauchen Gräfin aus Husum artikulieren sich – literarisch allerdings auf weit geringerem Niveau – Erfahrungen, Denkweisen, Wunschvorstellungen und Ängste der Jahrhundertwende und der Vorkriegszeit. Beide Frauen beeindrucken durch ihren Mut zu eigenständigem Leben in einer Zeit verlogener Bürgermoral und männlicher Omnipotenz, in welcher der Begriff der Selbstverwirklichung noch nicht zum Modewort verkommen war. Beide waren Mütter eines heißgeliebten unehelichen Sohnes, deren Väter sie nie benannten oder, wie Else Lasker-Schüler, ins Märchenhaft-Nebulose verwiesen. Und beide liebten, durchaus im Einklang mit dem Zeitgeist, den Zirkus. Die Reventlow spricht von »Zirkuswehmut«, während Else Lasker-Schüler in Varieté und Zirkus auf ganz ähnliche

Weise eine Gegenwelt zur verachteten Alltagswirklichkeit erfährt. Zirkus: »Es ist, als ob ich brausenden, dunklen Wein trinke, und ich vergesse alles was grau ist und hinkt«, lesen wir im Essayband »Gesichte«.

Solche Passionen sind mehr als marginale Launen extravaganter Autorinnen. Als subjektive Bekenntnisse sind sie bezeichnend für den Zeitgeist. Im Zirkus-Motiv kommen innerhalb einer sich mehr und mehr der seelenlosen Mechanisierung verschreibenden Welt die Heimatlosigkeit und das Ausgesetztsein des schöpferischen Menschen zum Ausdruck, sein Outsidertum, wie es Hermann Hesse später, 1927, im »Steppenwolf« in so experimenteller Einzigartigkeit schildert. »Ausgesetzt auf den Bergen des Herzens« empfindet Rilke sich in dem gleichnamigen Gedicht von 1913/14. Zirkusleute, Außenseiter und »Fahrende«, werden bei solcher Seelenlage zu beliebten Symbolfiguren der eigenen Existenz. Viele Maler der damaligen Zeit sind häufige Besucher des alten Zirkus Medrano auf dem Montmartre in Paris. So etwa Rouault und Picasso, der in seiner »blauen« Periode (1901–1904) vorwiegend melancholische Clowns und Gaukler aus dem Zirkusvolk malte, nachdem Georges Seurat in pointillistischem Farbenzauber bereits eine Zirkusreiterin als sein letztes großes Bild geschaffen hatte. Auch der Dichter Frank Wedekind stand der Welt des Zirkus nahe, und Kafka schrieb 1916/17 seine atemberaubende Skizze »Auf der Galerie«, jene Zirkusszene, in der »eine schöne Dame, weiß und rot« als »Kunstreiterin« agiert, die »ihr Glück mit dem ganzen Zirkus teilen will«, während der Autor als Zuschauer, der hinter die Kulisse ihres glänzenden Auftritts blickt, »wie in einem schweren Traum versinkend weint ... ohne es zu wissen.«

Melancholie gehört durchaus in diese Epoche des Umbruchs mit der erahnten oder bereits eingetretenen Katastrophe des Ersten Weltkriegs. Sie durchzieht auch das Werk der Else Lasker-Schüler. Ob Trauer um die unwiederbringliche Kindheit oder Schmerz um einen verlorenen Geliebten, oft wechselt die Klage vom Persönlich-Individuellen ins Überpersönlich-Zeitbezogene.

Man hat der Dichterin zum Vorwurf gemacht, zu unpolitisch gewesen zu sein, zu sehr weltfremde Träumerin und Phantastin. Dagegen betonte Erika Klüsener: »Man vergißt dabei zu leicht, daß sie nicht nur mit Künstlern wie Däubler, Marc, Trakl und Benn befreundet war, sondern auch zum Umkreis von Männern wie Gustav Landauer, Johannes Holzmann, Erich Mühsam, Ernst Toller, den Brüdern Herzfelde und Paul Zech gehörte.« Sie alle waren politisch hoch motiviert und mit ihren visionär-revolutionären Ideen eine Art profane Glaubensgemeinschaft, die auf sozialistischer Basis den »neuen Menschen« schaffen zu können glaubte, eine Utopie, deren Scheitern wir, nach dem Umschlag ins Diktatorisch-Barbarische, in der Folgezeit vielfach erlebten. So ganz in politikfernen Sphären jedenfalls lebte die Dichterin nicht. In die Geschichte »Der Malik« beispielsweise ist eine deutliche Kritik am Krieg und an der Politik des Kaisers mit einverwoben. Konservative und reaktionäre Zeitgenossen witterten in ihr denn auch eine Art von Umstürzlermentalität, wie sie in Bezug auf die Vor- und Nachkriegsbourgeoisie der literarischen und künstlerischen Avantgarde durchaus zu eigen war.

Die »feine goldene Stadt« ihrer Seele weist unter den vielen Wandelgängen von Palast zu Palast aber auch solche zu frommer Einkehr auf. Die ewig Unruhige, Umhergetriebene, Undogmatische, die unter vielen Masken Unfaßbare, die als bewußte Jüdin sich noch »vom Jordan umspült« wußte und dennoch fern von jeglicher orthodoxer Enge war, bekannte in ihrem Essay »Meine Andacht« aus dem Prosaband »Konzert« (1932): »Ich habe mich stets befleißigt, nicht nach Gold aber nach Gott zu graben; manchmal stieß ich auf Himmel. Ich habe nach dem Ewigen gegraben, nicht aus verwegener Überhebung, aber aus religiöser Abenteuerlust.« Deshalb schlich sie sich auch immer wieder »fort aus erstickenden Boudoirs und Ateliers, zwischen deren Wänden man oft zur Unterhaltung Gott in Metaphysik gerahmt herunterholte ...« So kann diese Frau, deren Temperament und Ungestüm Legende ist, auch ganz bescheiden und geduldig sein: »Wir können nicht gewaltsam Stufen überspringen, aber wir sollten entdecken, nach Gott graben bis wir auf ihn stoßen.«

Märchenbilder einer Herkunft

Wer wie Else Lasker-Schüler sein Leben schon früh zu einem poetischen Rollenspiel verklärt, in dem alle Figuren zwar durch persönliche Erfahrungen geprägt, in ihrem Realitätsgehalt jedoch zum nachweltbestimmten Bild verwandelt und mystifiziert sind, wird auch Äußerungen über Herkunft und Familie eher dem klassischen Muster von Dichtung und Wahrheit entsprechend gestalten, denn als verläßliches Quellenmaterial für den späteren Biographen. Autobiographische Passagen im Werk dieser Dichterin sind deshalb unter dem Vorbehalt zu interpretieren, daß sie eine Persönlichkeit zur Urheberin haben, die ebenso radikal wie mutig die Poetisierung ihres Lebens betrieb. Nicht das Leben träumen, sondern den Traum leben, war ihre Devise. So wurde Dichtung zu Leben und Leben zur Dichtung. Auf diese Weise erinnert die Autorin an die von den Romantikern geforderte »Universalpoesie«, die sie in zeitlicher Verzögerung existentiell zu verwirklichen scheint. Ihre Empfindsamkeit gleicht der eines Novalis, dessen Dichtung und Schriften zu Beginn des 20. Jahrhunderts wiederentdeckt wurden und Else Lasker-Schüler kaum weniger beeindruckt haben dürften wie bekanntlich Franz Marc. Gerade in der unbedingten Gleichsetzung von Leben und Dichtung liegt der besondere Reiz, dieser exemplarischen Künstlerfigur nachzuspüren. Eine große Rolle spielte dabei die Kindheit. So wie heute überall, in Schaufenstern, auf Geschenkpapier, in Autos, Wohn- oder Schlafzimmern Teddybären als Symbole verlorener Kindheitsparadiese posieren, umgab auch Else Lasker-Schüler sich noch im Alter in ihrem jeweiligen Domizil mit Spielzeug aus ihrer Kinderzeit. Sie war

bereits über vierzig, als sie in »Mein Herz« gestand:
»Manchmal wünscht ich mir wirklich, jemand führte
mich spazieren und ich wäre erst vier Jahre alt. Die Zeit
drückt, die meisten sterben an der Zeit. Darum sollte
man sich viel in seine Kindheit zurückversetzen.«
Man mag das, psychologisierend, Infantilismus nennen.
Der Dichterin jedenfalls strömten daraus zeitlebens ge-
stalterische Kräfte zu.
Wie aber sieht ihre Kindheit und Herkunft wirklich aus?
Geboren wurde Else Lasker-Schüler am 11. Februar
1869 im Zentrum von Elberfeld, einem Stadtteil von
Wuppertal, in der Herzogstraße 29. »Durch die heute
Nacht erfolgte Geburt eines Mädchens wurden sehr er-
freut A. Schüler und Frau«, ist als »Geburts-Anzeige« in
der »Elberfelder Zeitung« zu lesen. »Da ich geboren bin
zu Elberfeld im Wuppertal Um 1 Min. vor 12 oder nach
12 Mitternacht«, schreibt die Dichterin, die ins Geburts-
register als Elisabeth eingetragen ist, an ihrem 66. Geburtstag in einem Brief an den Schweizer Psychiater
Ludwig Binswanger.
Das Geburtshaus fiel den Bomben des Zweiten Weltkriegs zum Opfer. Eine Gedenktafel am Nachkriegsbau
sowie ein 1989 in unmittelbarer Nähe davon errichtetes
Denkmal erinnern an die Dichterin.
Sie war die dritte Tochter und das jüngste Kind des Handelsagenten Aron Schüler (1825–1897) und dessen Ehefrau Jeannette, geborene Kissing (1838–1890). Von ihren
beiden Schwestern, der 1862 geborenen Martha und der
nur neun Monate jüngeren Anna war es letztere, die spä-
tere Frau des Opernsängers Franz Lindwurm, genannt
Linder, zu der Else eine innige Beziehung unterhielt, die
bis zu ihrem Tod andauerte. Auch drei Brüder gehörten
zur Familie: der 1858 geborene Kunstmaler Alfred Jacob,
der 1859 geborene Maximilian Moritz – er übernahm das
vom Vater später gegründete Bankgeschäft – und Paul
Carl, ihr 1861 geborener Lieblingsbruder.

Seiner Frömmigkeit wegen bezeichnet sie den mit dem Katholizismus Liebäugelnden als »Mönch«. In seinem Zimmer, wo »griechische und lateinische Bücher und eine alte mächtige Bibel in weißen verwitterten Lederdeckeln« übereinander lagen, erzählte er mit unermüdlicher Geduld »immer wieder meine Lieblingsgeschichte von Joseph und seinen Brüdern und zeigte mir das Bild dazu, wie er verkauft wurde.« Auch mit hinauf auf den Oller, wie die Wuppertaler die Bodenkammern nennen, darf die kleine Schwester. Dort »befand sich das Laboratorium meines jüngsten Bruders, das ›Giftzimmer‹, darin Flaschen mit verschiedenartigen Salzen und Säuren und allerlei Chemikalien seltsamsten Farbeninhalts standen. Namentlich die grünspangelben Schwefelwürfel wirkten auf mich faszinierend.«

Doch dann, neun Tage vor Elses 13. Geburtstag, am 2. Februar 1882, stirbt Paul, noch nicht ganz einundzwanzigjährig. »Genau wie er zu unseren treuen Mutter gesagt hatte – am Sonntag. Ein Heiligenschein lag um seine Sonnenhaare – er lächelte, er war reinen Herzens gewesen und schaute den lieben Gott.«

In ihrem dem Bruder zugeeigneten Gedicht »Du, Mein« aus dem frühen Lyrikband »Styx« (1902), gedenkt die Dichterin seiner als einer Lichterscheinung, die »auf Erden gekommen« sei, sie aus »aller Pein« und »meiner Furie Blut« zu erlösen. Offensichtlich hat der acht Jahre Ältere sich besonders verständnisvoll des eigenwillig verträumten und bei allem überschäumenden Temperament umso schutzbedürftigeren Mädchens angenommen. Nicht nur in ihrem »Wupper«-Schauspiel und ihren Essays setzte die Schwester ihm ein Denkmal. Auch ihrem einzigen Sohn gab sie seinen Namen.

Liebe, Verständnis und Harmonie fand Else aber auch im ganzen Elternhaus, das vom liberalen Geist eines assimilierten jüdischen Bürgertums geprägt war. Religiöse Traditionen wurden kaum noch gepflegt, und nur sporadisch erfolgte der Besuch der Synagoge. Weder erhielten die Kinder ausgeprägt jüdische Vornamen noch wurden die Grabsteine der Großeltern auf dem alten jüdischen Friedhof in der Wuppertaler Weißenburgstraße hebräisch beschriftet. Dem lebenszugewandten Vater war wohl die soziale Imageverbesserung vom Handelsagenten zum Privat-Bankier, dessen Kreditgeschäfte ihn auch mit dem städtischen Bauwesen in Verbindung brachten, wichtiger. Aron Schüler wird von der Tochter seines humorvollen Wesens wegen als »Till Eulenspiegel von Elberfeld« bezeichnet. Gleichzeitig ist von seinem »hervorragenden Organisationstalent« die Rede.

Anders als der Vater, der Theater, Festesfreuden, Zirkus, Bälle und gelegentliche Trinkgelage liebt, ist Jeannette, die von der Dichterin vergötterte Mutter, geartet. Eine Charaktereigenschaft dieser stattlichen, schönen Frau ist die Schwermut. Als Tochter des Weinhändlers Jakob Kissing aus Kissingen, wuchs sie, nachdem ihre Mutter schon einen Monat nach ihrer Geburt an Tuberkulose gestorben war, im Hause von Meyer Sonnemann in Frankfurt auf. Dessen Sohn Leopold, ihr Vetter, war der Begründer der liberalen »Frankfurter Zeitung« (1856) und zweimal, von 1871 bis 1876 und von 1878 bis 1884, Reichstagsabgeordneter der Deutschen Volkspartei. Da er mit einer Halbschwester von Elses Vater verheiratet war, ist die Dichterin mit diesem namenhaften Repräsentanten des öffentlichen Lebens jener Zeit durch beide Elternteile verwandt.

Aron Schüler und Jeannette Kissing sind sich wahrscheinlich zum ersten Mal bei den Sonnemanns in Frankfurt begegnet. Im Frankfurter Stadtgerichtshaus wurden sie dann auch am 17. Oktober 1857 vermählt. Nach der Hochzeit übersiedelte das junge Paar nach Elberfeld. Bald, wahrscheinlich zu Beginn der siebziger Jahre, nimmt die Familie ihren Wohnsitz in der Sadowastraße, damals noch außerhalb der Stadt gelegen, in jenem dreistöckigen Haus Nr. 7, das mit seinem dahinterliegenden Gärtchen Phantasie und Kindheitserinnerungen der Dichterin immer wieder bewegte. Und es muß wohl auch ein nachgerade herrschaftliches Domizil gewesen sein, in dem »hohe weiße Kerzen« auf den Lüstern über der Marmorpracht »im gelben Saal« aufgesteckt waren, wo Lesezirkel sich zusammenfanden, Kostümbälle arrangiert wurden und sicher auch der immer noch gefeierte Sederabend stattfand, während draußen, im kleinen Garten, Stiefmütterchen, Rosen und Georginen in der Nachbarschaft geschätzter Haselnußsträucher über zartem Grasteppich wie »aus einem Füllhorn üppig hingegossen« waren.

Der Schulbesuch in der Elberfelder Volksschule sowie später im Lyceum West An der Aue, ist da weit weniger attraktiv als das Herumtollen nach dem Unterricht, wenn das wilde Mädchen sich mit den Schulkameraden trifft, um mit ihnen Soldaten und Krieg zu spielen. »Pülle und Willy besaßen wirkliche Ulanenmützen … Wir fertigten uns aus Papier welche an, aber ich mußte Feind sein, weil ich ein Mädchen war, zur Strafe. Sonst bemerkte ich nie von seiten meiner Spielgefährten irgendeine Geringschätzung mir gegenüber und ich fügte mich drein, freiwillig ein französischer General zu werden, denn die Feinde behaupteten, sie könnten dann besser richtig schimpfen, da ich unter meinen Röckchen eine weite, rote Flanellhose trage: ›Franzos mit der roten Hos‹. Nun war ich gereizt genug, den Angriff zu wagen.«

Genau erinnert die Dichterin sich noch an den ersten Schultag, als die »kleinen Mädchen in ihren Sonntagskleidchen, die kleinen Knaben in ihren neuen Matrosenanzügen zur Feier des denkwürdigen Tages« antraten, während der letzte Tag fast ganz in Vergessenheit geriet, denn, so berichtet sie, »– ich habe ihn – geschwänzt. Und auch die anderen Schultage haben sich fast alle vernarbt in meinem Gedächtnis. Woran man eben nicht allzu gern denkt!!«

Besonders schwer fällt der späteren Wortmeisterin, die allerdings zeitlebens mit Interpunktion und Syntax auf recht willkürliche Weise verfuhr, das Aufsatzschreiben. Ihre Arbeit »Friedrich der Große« wird mit »mangelhaft« benotet. Dem langweiligen Nachsitzen im leeren Klassenzimmer zieht sie jedoch die Unterrichtsstunden vor, wo man immerhin mit Bonbons und Schokolade, die der Vater spendierte, »Konditorei, namentlich in der Geographie«, spielen konnte. Es war ja auch »ganz egal«, woran die vielen Städte auf dem Globus lagen, interessieren konnten sie lediglich die Ströme Afrikas, »weil sie sich reimten« und ihr deshalb »wie Wasser von den Lippen« gingen. Eine gute Schülerin ist sie in Religion. Wiederum war es die Josephsgeschichte, die sie tief berührte: »Einmal weinte ich so bitterlich bei der Stelle, als Josephs schöner, bunter Samtrock von den Brüdern in Blut getaucht wurde, daß mich der Geistliche gerührt nach Hause schickte.« Unter dem übrigen Lehrkörper scheint ihr nur eine einzige Lehrerin gewogen gewesen zu sein, ein Fräulein Kreft, die sich ihrer Mutter gegenüber äußerte: »Die Else ist gar nicht außergewöhnlich dumm im Grunde.« Ihr von lebhafter Einbildungskraft beflügelter Geist konnte in der Schule die Nahrung, deren er bedurft hätte, nicht finden. Offensichtlich gingen die in ihrem Gedächtnis »vernarbten« Schultage nicht so spurlos an Else Lasker-Schüler vorüber, wie es den Anschein haben könnte. Noch in dem Essayband »Konzert«, dem auch die vorhergehenden Zitate entstammen, schreibt sie: »Doch ich habe die Schrecken der Schule noch nicht ganz überwunden; nachts erscheint mir, wie oft schon, mein Schuldirektor Schornstein im Traum als wirklicher Schornstein im Bratenrock, und ich glaube im Rauch und Ruß ersticken zu müssen. Das nennt man Albdrücken, und es ist kein Vergnügen, so zu träumen.«

Ohne den Elberfelder Pädagogen zu nahe treten zu wollen, sei doch erwähnt, daß ihr Wirken in jene Zeit fiel, deren schulische Praxis ein Vierteljahrhundert später Heinrich Mann im »Professor Unrat« (1905) und Hermann Hesse in »Unterm Rad« (1906) erinnerungsträchtig anprangerten.

So aufgeweckt ist schon das zweijährige Mädchen, daß die Mutter immer wieder neue Denkspiele erfinden muß, um es zufrieden zu stellen. »Einwortsagen nannten wir geheimnisvoll ein Spiel, das meine Mutter, eine Weile wenigstens, von meinen Quälereien befreite.« Es bestand im Nennen eines Wortes, zu dem irgend ein anderes, gleichklingendes, gefunden werden mußte, etwa: Tinte – Finte – Flinte, Paul – faul usw.; frühe Einübungen der späteren Wortkünstlerin. Auch ein Spiel mit von der Mutter gesammelten Knöpfen gehört hierher. Es sah so aus: »Ich legte Knopf an Knopf, je vier oder fünf, ebenmäßige Reihen in Zwischenräumen auf den großen Tisch und führte mein klein Fingerchen über die Knopfreihen der abgeteilten Knopfstrophen. Wenn ich dann durch die Unregelmäßigkeit der Knopfgrößen mit der Fingerspitze stolperte oder gar mit dem ganzen Finger abglitt, schrie ich laut auf, genau wie ich mich heute körperlich verletzt fühle, durch einen Vokal oder Konsonanten, der Störungen im Maß oder Gehör undefiniert verursacht.« An Karl Kraus schrieb die Dichterin über dieses Spiel aus der Kinderzeit: »Aber einer der herrlichsten Knöpfe durfte überall liegen, wo er wollte, er war aus Jett, besät mit goldenen Sternlein, und ich staunte ihn an. Er war das Himmelreich meiner Knöpfe und hieß: Josef von Ägypten.«

Schon im vierten Lebensjahr, erinnert sie sich, »lernte ich zum Zeitvertreib von der Gouvernante schreiben: Jedem Buchstaben malte ich ein Tuch um den Hals, da er fror, es war Winter. Fünfjährig dichtete ich meine besten Gedichte; meine Mutter fand die bekritzelten Pa-

pierflocken, die mir aus meinem Kleidertäschchen beim
Herausholen von Lieblingsknöpfen meiner Knopf-
sammlung entkamen.«

Das ebenso traumverlorene wie ungebärdige Kind mußte seine Andersartigkeit durch so manches Gefühl der
Fremdheit im Alltag und eine große Verletzbarkeit be-
zahlen. Und während der Schulzeit? Hatte Else da tatsächlich nie »irgendeine Geringschätzung« erfahren?
Später schreibt sie: »Ich erlebte als Schulkind schon einige antisemitische Aufstände auf dem Heimweg nach
Schulschluß. Weinend betrat ich unser schönes Haus.
Selbst meiner teuren Mutter Liebe vermochte mich nicht
zu trösten.«

Ein merkwürdiges Ereignis beendete vorzeitig den offi-
ziellen Schulbesuch. Eines Tages nämlich kam die Mutter, die in den damals noch nahen Wald gegangen war,
zum Abendbrot nicht nach Hause. Während die übrige
Familie sie bei heftigem Blitz- und Donnerschlag fieber-
haft sucht, begibt Else sich zu einem Aussichtsfenster an
der zum »Turm« stilisierten talseitigen Hausfront, und,
so erinnert sie sich: »Auf einmal sah ich meine liebe, liebe Mama so traurig den kleinen Berg herabkommen, so
traurig, das vermag meine Hand nicht zu schildern, da
müßte ich schon mein Herz aus der Brust nehmen und
es schreiben lehren. Aber es schnürte sich zusammen zu
einem einzigen Blutstropfen, der keine Gefahr kannte,
und ich sprang über die Holzzinnen unseres Turms,
meine traurige Mutter schneller zu erreichen; verfing
mich aber in die aufgespannte Jalousie des unteren
Turmfensters und lag geborgen wie in meiner Mutter
Arm.«

Von der Freiwilligen Feuerwehr herausgeholt, wird die
Elfjährige von nun an vom Schulbesuch befreit und erhält Privatunterricht. Von der Mutter lernt sie Franzö-
sisch, in Englisch werden die Kinder von einer »angel-
sächsischen Lehrerin aus Leipzig« unterrichtet. Im all-

gemeinen aber hält sie sich noch in späteren Jahren für ungebildet. Wenn da jemand etwa von Lucrezia Borgia spricht, geniert sie sich nicht zu fragen »wer das Frauenzimmer sei«. Ein Quentchen Selbstironie, gemischt mit handfestem Selbstbewußtsein, fehlt dabei natürlich nicht. So heißt es im »Malik«, daß es sich bei Jussuf von Theben »um einen gänzlich wilden Kaiser handele, der sogar seine Ungelehrsamkeit als besondere Bevorzugung feiern ließ«, sie gelegentlich sogar »als Vorbild« den »langbärtigen Vätern unter die schlaffen, ungeschmückten Nasen zur Beriechung hielt ...«

Mit dem »Turm«-Sprung, sei er nun tatsächlich erfolgt oder überhöhend imaginiert, bringt die fast Sechzigjährige in ihren Erinnerungen auch ein Jugendleiden, das sie heimgesucht hatte, in Verbindung: den Veitstanz. Sie war offensichtlich zeitweise von der harmloseren Form dieser Erkrankung befallen, die sich in ruckartigen unregelmäßigen Muskelzuckungen äußert und als »chorea minor« durch rheumatische oder infektiöse Symptome verursacht, vorwiegend bei Kindern und Jugendlichen, besonders bei Mädchen, in Erscheinung tritt. Der Arzt habe sie als »Folge des Schrecks« gedeutet, den das Kind, das er seitdem »Springinsfeld!« nannte, durch sein Turmabenteuer erlitten habe. »Aber«, erklärt Else Lasker-Schüler, »ich wußte, ich hatte den Veitstanz bekommen von etwas ganz anderem – vom ersten Schmerz meines Lebens, den auch das schönste Elternhaus nicht hat verhindern können.«

Welch seltsames Geschehen da wirklich zugrunde lag, bei dem der Papa auch noch »bitterlich mit offenen Augen« geweint haben soll, bleibt im Dunkel. Klar ersichtlich ist nur die Schwermut der Mutter. Sie, die eine Verehrerin Goethes und Napoleons gewesen war, wird von der Tochter als passionierte Literaturliebhaberin geschildert: »Meine geliebte Mama las sehr viel; Bücher tapezierten die vier Wände ihres kleinen Wohnzimmers.

Manchmal dachte sie noch beim Mittagessen, schien mir, an irgendeine Frau oder irgendeinen Ritter aus dem Roman. Ihre Augen waren so groß aufgetan und so fern, auf dem anderen Ende der Welt – oder hoch über dem Wasser, wie bei mächtigen Vögeln, die weit fortfliegen möchten.«

Das gleicht einem Spiegelbild der Autorin selbst. Aus der mütterlichen Herkunft leitet sie auch ihre literarische Begabung und Berufung zum »Dichttum« ab. Ob die so früh verstorbene Großmutter sowie die Mutter wirklich literarisch produktiv waren, sei dahingestellt. Else Lasker-Schüler jedenfalls verleiht ihnen den Adel des Dichtertums – verlegt den wahren Geburtsort der Mutter, Kissingen, Goethes wegen sogar nach Frankfurt – und macht aus ihrem Großvater, dem Kissinger Weinhändler, einen edlen Spanier und Winzer. In einem Brief vom 3. Juni 1927 an den Arzt Paul Goldscheider, der selbst Gedichte schrieb und malte, schreibt sie: »Meine Mama hat früher immer mit mir gedichtet … Meine Großmutter war eine Dichterin gewesen und starb so früh, sie hieß: Johanna Kopp. Mein Großvater war ein direkter Spanier, baute auf den Kissinger Bergen den Wein.« Dessen Vater, ihr Urgroßvater mütterlicherseits, sei ein »spanischer Jude, Großkaufmann« namens »Pablo von Elkan« gewesen, der in England den Namen Kissing angenommen habe, um dann nach Süddeutschland zu gehen und dort auf den Bergen Wein zu pflanzen. Er nahm sich, heißt es in »Ich räume auf!« weiter, »eine Dichterin, die wunderschöne Johanna Kopp, die Tochter einer angesehenen bayerischen Judenfamilie zur Frau.«

Dies alles sind vage, zum Teil auch widersprüchliche Angaben, die infolge verlorengegangener und vernichteter Dokumente nicht mehr nachprüfbar sind. Stilisierungen jedenfalls kommen bei dieser Dichterin so sehr aus den Tiefen utopischer Sehnsüchte, daß sie nicht als bewußte Täuschungen, sondern als naturgegebene Poetisierungen im Konflikt zwischen Phantasie und Realität gelten können. So verbürgen der Urgroßvater und der vom Weinhändler zum Weinbauern verwandelte Großvater mehr Authentizität bezüglich der für die Dichterin wichtigen mythischen Bedeutung der Rebe.

In »Das erleuchtete Fenster« etwa spricht sie von ihrem Schauspiel »Die Wupper« als einem Werk, das ein Vierteljahrhundert lang in ihrem Herzen »gärte«, bis es »ein Weinberg« wurde, »alter spanischer Wein, sternenjährige Judenrebe. Mit der Kunst ist es ähnlich wie mit dem Rebensaft. Je länger sie sich im Gewölbe des Herzens entfaltet, desto schwerer wird sie.« Und in der Erzählung »Das Hebräerland« heißt es: »Kunst ist Wein. Der will gären, sich filtrieren; je länger der kostbare Most im Herzen des träumenden, schäumenden Künstlers ruht, desto unvergleichbar süßer der Dichtung Blume.«

Dichtung ist aber auch Trost, Zuflucht und Balsam auf frühe Verwundungen und Ängste, ein Schutzmantel der Geborgenheit, wie die Mutter, die das Kind »auf dem Weg zum Schlafengehn bange zu umklammern pflegte.« Welcher Verlust für die Einundzwanzigjährige, als die Mutter mit 52 Jahren, am 27. Juli 1890, stirbt! In dem ihr und dem »geliebten Sohn Paul in Liebe« gewidmeten Prosawerk »Konzert«, das 1932 bei Rowohlt in Berlin erschien, schreibt sie: »Ich liebte meine Mama inbrünstig, sie war meine Freundin, mein Heiligenbild, meine Stärkung, meine Absolution, mein Kaiser.« Der Mutter, »dem heiligsten Stern meines Lebens« gedenkt sie in mehreren Gedichten. Ins Naturhaft-Kosmische getaucht ist das Klagelied vom Sterben der Mutter:

»Ein weißer Stern singt ein Totenlied
   In der Julinacht,
Wie Sterbegeläut in der Julinacht.
Und auf dem Dach die Wolkenhand,

Die streifende, feuchte Schattenhand
Sucht nach meiner Mutter.

Ich fühle mein nacktes Leben
Es stößt sich ab vom Mutterland
So nackt war nie mein Leben,
So in die Zeit gegeben,
Als ob ich abgeblüht
Hinter des Tages Ende,
    Versunken
Zwischen weiten Nächten stände,
Von Einsamkeiten gefangen.
Ach Gott! Mein wildes Kindesweh!
... Meine Mutter ist heimgegangen.«

Sieben Jahre später, am 3. März 1897, stirbt der Vater. Schmerzliche Verluste geliebter Menschen kennzeichnen das Leben der Dichterin auch in Zukunft.

Noch einmal zu ihrer Herkunft väterlicherseits: der Großvater Moses Schüler war Fuhrunternehmer und Bankier in Geseke bei Paderborn. Seine erste Frau Rosa war die Tochter des ebenfalls in Geseke lebenden Rabbiners oder Lehrers Zwi Hirsch Cohen und seiner Frau Bela, geborene Israel-Gagenhümer, die ihm 11 Kinder gebar, unter denen Aron, Elses Vater, das sechste war. Nach Rosas frühem Tod – sie starb neununddreißigjährig –, heiratete Moses Schüler seine Schwägerin Henriette, die ihm eine weitere Kinderschar gebar. Die Dichterin spricht von 23 Kindern des Moses Schüler mit seinen zwei Frauen, andere Quellen nennen 17 oder 18. Auch das genügt, um sich das klassich-patriarchale Gepräge dieser Familie vorzustellen, in der sicher noch jüdische Tradition und Religionsvorschriften Geltung hatten. Eine unverschüttet gebliebene Quelle, aus der Else Lasker-Schülers glühende Begeisterung für das »Hebräerland« und ihre Identifizierung mit männlichen Herrscherrollen mit gespeist wurde? Jedenfalls ist es dieser Zweig der Familie, den sie mit Vorliebe verklärt. Aus ihm leitet sie auch ihre zeichnerische Begabung her, ihren kindlich-knabenhaften Wesenszug, ihre Spielfreudigkeit und Bereitschaft zur Clownerie, was sie insgesamt als ihre jüdische »Mostvergorenheit« bezeichnet. Der Urgroßvater Zwi Hirsch Cohen wird bei der ins Märchenhafte transponierten Herkunftslegende gar zum höchsten jüdischen Würdenträger Westfalens, »von der ganzen Stadt geehrt, von Jude und Christ.« Als fürstliche Respektsperson ist er der »Freund des Bischofs Lavater von Westfalen« mit dem er sich allabendlich im Gastzimmer »zum goldenen Halbmond« zu »heiligen Gesprächen« trifft. So steht es im Prosabändchen »Arthur Aronymus. Die Geschichte meines Vaters«, zu lesen. Die Gesichtszüge dieses heiligmäßigen Urgroßvaters, dessen »Bart fast schon den kleinen Teppich aus Persien« berührte, »den er sich in jungen Jahren auf einer religiösen Forschungsreise durch die morgenländischen Bibliotheken mitgebracht hatte«, wird weiter fabuliert, finden sich im Antlitz des Vaters der Dichterin wieder, das die Natur nach ihm »verschnitten« hat.

Als wäre ein Porträt des Gepriesenen im Elberfelder Haus vorhanden gewesen, schreibt Else Lasker-Schüler in »Ich räume auf!«: »Mich besternend betrachtete ich als Kind so gerne das ehrfurchtsvolle künstlerische Priesterantlitz meines Urgroßvaters«, der Oberrabbuni von Westfalen gewesen sei, und von dem die »Legende erzählt: Er habe sein Herz aus der Brust nehmen können, was er nach kühnen staatlichen Konferenzen zu tun pflegte, um den Zeiger des roten Zifferblatts wieder nach Gottosten zu stellen.« »Gottosten«: dort wo das Licht aufgeht, ist auch Gott zu Hause – Ex oriente lux: der Orient, geistige Heimat und Utopia der Dichterin.

Schon in der früheren Kaisergeschichte »Der Malik« taucht das Bild vom sich verströmenden Herzen des als »Scheik« von Ägypten mystifizierten Vorfahren auf, während die ins fürstliche Gewand des Malik geschlüpf-

te Dichterin von ihrem eigenen Herzen sagt: »Ich aber
werfe es unter euch, Meine süßen, bunten Menschen,
und ihr werdet es pochen hören und ihr sollt euch spie-
geln in seinem Glanz.«

Gesichter der Liebe

Fünfundzwanzigjährig, drei Jahre vor dem Tod des Vaters, am 15. Januar 1894, heiratet Else Schüler in Elberfeld den acht Jahre älteren Dr. Jonathan Lasker, einen Arzt, der zusammen mit seinem als Schachweltmeister berühmten Bruder Emanuel Lasker über einer Lebensphilosophie auf ethischer Grundlage brütete. Nie hat sie sich, wenn nicht versteckt in ihrer Dichtung, über diese ihre erste Ehe geäußert. Allem Anschein nach ist es keine Liebes- sondern eine Vernunftehe gewesen, die sie eingegangen war. Vielleicht suchte sie, noch immer unter dem Verlust der Mutter leidend, Schutz bei einem Mann, der zur Hoffnung auf eine neu behütete bürgerliche Existenz berechtigte mit der Hoffnung auf ein künftig attraktiveres Großstadtleben. Else sei nun »ruhiger, häuslicher geworden«, vertraut der Vater ihrer nun in Berlin lebenden Lieblingsschwester Anna an, »und ›Frau Doctor‹« sei Trumpf. Er stellt fest, daß die Neuvermählten, die bald nach der Heirat von Elberfeld nach Berlin übersiedelten, »klein aber sehr fein eingerichtet« seien, was darauf zurückgehe, daß Else alles, »was nicht ganz nagelfest war, an sich genommen« habe, »gegaunert«, wie er auf gutmütige Weise hinzusetzt.

In Berlin, das schon vor den »Goldenen Zwanzigern« ein Eldorado der Literatur- und Kunstszene war, in dieser von Esprit und Erotik durchpulsten Metropole an der Spree, taucht Else Lasker-Schüler schnell in das bunte Leben der Bohème ein. Es dauert nicht lange, bis ihr das bürgerliche Hausfrauendasein nicht mehr genügt und sie künstlerische Ambitionen entwickelt. Bei einem Freund ihres Mannes, dem Maler Simon Goldberg, seit dessen Pariser Zeit »Monsieur Golbèrt« genannt, nimmt sie Unterricht. Sie nennt den von Max Liebermann als besten Techniker der »Zeichenkunst in Berlin« geschätzten Künstler ihren »Gouverneur«, der eigens für sie auf der Welt sei, damit sie vor der großen Staffelei »ochsen« könne: »Immer wieder dieselbe Nase, immer wieder denselben Mund ...« Nach einiger Zeit mietet sie im Tiergartenviertel, Brückenallee 22, in unmittelbarer Nähe der Wohnung ein eigenes Atelier. Dort kann sie Besuche empfangen und neben der künstlerischen Arbeit, zu der jetzt auch fotografische Experimente der späteren Kinoenthusiastin kommen, Bürgerschreckstreiche mit dem älteren Lehrmeister aushecken. »Schließlich«, erinnert sie sich noch im Alter, »lebten der mir angetraute hochbedeutende Arzt und alle anderen Menschen unserer Umgebung, nur als Statisten, als Hintergründe und Ausgangspunkte unserer abenteuerlichen Einfälle.«

In der von Ludwig Jacobowsky herausgegebenen Halbmonatsschrift »Die Gesellschaft« erscheinen seit August 1899 erstmals eigene Gedichte, unter ihnen auch »Verwelkte Myrten«, worin sich die mittlerweile eingetretene Entfremdung vom Ehemann in ihrem ganze Ausmaß spiegelt: »Bist wie der graue sonnenlose Tag/ Der sündig sich auf junge Rosen legt/... Du tratest meine junge Seele tot/ Und kehrtest in dein kaltes Sein zurück«, wird da geklagt.

In der Erzählung »Der tote Knabe«, die 1904 in der Zeitschrift »Kampf« von Johannes Holzmann erschien, der im späteren Werk als »Prinz von Moskau« und als »Senna Hoy« figuriert, tritt ein Ehepaar auf, von dem es heißt: »Und als sie verheiratet waren, hatten sie Reue, da sie sich gegenseitig quälen mußten.« Der Mann, dessen sadistische Züge betont werden, gesteht: »Der Philosoph muß Tatzen haben, um zerreißen zu können.« Die Frau aber dachte dabei »an das Glutblau ihres Himmels, den er zerriß und der nie mehr wieder aufblühen würde.«

Das einschneidendste Ereignis, fünfeinhalb Jahre nach der Verheiratung, ist die Geburt von Else Lasker-Schülers außerehelichem Sohn Paul. Er kam am 24. August 1899 in der Berliner Universitäts-Frauenklinik zur Welt. Offensichtlich hatte sich die Dichterin zu dieser Zeit bereits weitgehend selbständig gemacht und ihr unstetes Leben von einem Hotel- und Untermietszimmer zum anderen begonnen, wobei Dr. Lasker großmütig genug war, ihr bei der Wohnungssuche beizustehen und weiterhin mit ihrer Familie Kontakt zu halten. Zu stolz, um von den Verwandten Geld anzunehmen, brachte sie ihr Kind kostensparend im Rahmen einer medizinischen Demonstration vor Studenten zur Welt. Aber sie ist glücklich mit ihrem Sohn, über dessen Vater sie sich ausschweigt. Erst achtzehn Jahre später bezeichnet sie Karl Kraus gegenüber einen Griechen namens Alkibiades de Rouan als Vater, während sie Gottfried Benn einen spanischen Prinzen aufgetischt haben soll. Zwei Tage nach ihrer Entbindung, am 26. August 1899 hatte sie das ebenfalls in Jacobowskys Zeitschrift erschiene Gedicht »Vorahnung« geschrieben:

»Verhöhnt mich auch lachend der Wirbelwind,
– Mein Kind, das ist ein Königskind,
Mit Locken, wie Sonnenscheinen.

Ich sitze sinnend unter dem Dach,
Bin in den Nächten fieberwach
Und nähe Hemdchen aus Leinen.

– Meiner Mutter Wiegenfest ist heut',
Gestorben sind Vater und Mutter beid'
Und sahen nicht mehr den Kleinen.

– Meine Mutter träumte einmal schwer, –
– Sie sah mich nicht an ohne Seufzer mehr
Und ohne heimliches Weinen. –«

Volksliedhaft, in der Melodik eines Heinrich Heine geben sich diese Verse. Dazu kommt die dem Werk der Lasker-Schüler schon früh eigentümliche dialektische Spannung zwischen Hell und Dunkel, Freude und Leid, Gegenwart, Vergangenheit und Zukunft.

Den Vater ihres Kindes hatte Else Lasker-Schüler wahrscheinlich im Mai 1898 kennengelernt, zu einer Zeit innerer Unsicherheit und Hilfsbedürftigkeit. Wie sehr das geradezu dionysische Hingerissensein von dem nun auftauchenden Geliebten mit Schuldgefühlen und Trauer verbunden war, zeigt ihr ebenfalls von Jacobowsky im April 1899 veröffentlichtes Gedicht »Sinnenrausch«:

> »Dein sünd'ger Mund ist meine Totengruft,
> Betäubend ist sein süsser Atemduft,
> Denn meine Tugenden entschliefen.
> Ich trinke sinnberauscht aus seiner Quelle
> Und sinke willenlos in ihre Tiefen,
> Verklärten Blickes in die Hölle.
>
> Mein heißer Leib erglüht in seinem Hauch,
> Er zittert, wie ein junger Rosenstrauch,
> Geküsst vom warmen Maienregen.
> – Ich folge Dir ins wilde Land der Sünde
> Und pflücke Feuerlilien auf den Wegen,
> – Wenn ich die Heimat auch nicht wiederfinde ...«

Die Heimat – kann sie je in den Armen eines Menschen gefunden werden, wenn der Blick sich unverwandt auf fernste Sternenwelten richtet? Das »Land der Sünde« dagegen hat keinen Bestand. Eineinhalb Jahrzehnte später wird Jussuf, der Prinz von Theben, allem Schuldbewußtsein des Sündigen den Kampf ansagen: »Ich zerblättere die Sünde, wo ich sie finde ...«

Das Versteckspiel vor dem eifersüchtigen Ehemann und dessen Nachspionieren sowie das Ende dieser so folgenschweren Romanze fanden ihren getarnten Niederschlag in der 1907 im Verlag von Axel Juncker in Berlin erschienenen märchenhaft-morgenländischen Erzählung »Die Nächte Tino von Bagdads« (1909 im Verlag Paul Cassirer, Berlin, mit dem Titel »Die Nächte des Tino von Bagdad« unter Weglassung einiger Gedichte neuaufgelegt).

Hinter der Figur des Apollydes, der »ein schöner Griechenknabe« war, verbirgt sich in diesem in lockerer Szenenfolge geschriebenen Buch mit eingestreuten Briefen und Gedichten der geheimgehaltene Geliebte. Mit ihm erlebt Tino-Else, wie »zwei kühle Blicke« sich auf ihre Herzen richten, spitz wie »Glasdolche«. Und als der schöne Traum dann zerbricht: »Da begannen meine Augen zu singen, lauter goldene Tränen …« Schließlich weiß niemand, »wo er geblieben ist«, der »schöne Griechenknabe«, der »die Liebe pries …«

Die »Elegie« aus dem Gedichtband »Styx« beginnt mit den Versen:

>»Du warst mein Hyazinthentraum,
> Bist heute noch mein süssestes Sehnen,
> Aber mein Wünschen zittert durch Tränen
> Und meine Hoffnung klagt vom Trauereschenbaum.«

Nach zwei Sommern des Glücks klangen »aus den späten Nächten unsere Sterbeglocken«, heißt es im gleichen Gedicht. Mit dem Ende der neunziger Jahre beginnt ein bedeutsamer Abschnitt in Else Lasker-Schülers Leben. In Berlin begegnet sie einem Dichter, kurzzeitigen Journalisten und Theatermann, einem Aussteiger, ruhelosen Vagabunden, den es bereits in der Welt, in Italien, England, Holland und der Schweiz herumgetrieben hatte und der mit seinen Visionen eines besseren Menschen in einer besseren Welt die jüngeren Literaten, Dichter, Musiker und andere Künstler der Jahrhundertwende in seinen Bann zog: dem fünfzehn Jahre älteren Westfalen Peter Hille. Er wurde zu ihrem Idol, zum angebeteten Lehrmeister unter der Aureole eines Sankt Petrus, der sie seinerseits zum »schwarzen Schwan Israels« erhob, und ihr zum künstlerischen Durchbruch verhalf. Zu Peter Hilles Kreis der »Neuen Gemeinschaft« gehörte eine bunte Reihe von Persönlichkeiten der Berliner Bohème. Um den bärtigen Dichterapostel tauchen Namen auf wie Detlev von Liliencron, Gerhart Hauptmann, Peter Baum, Heimatdichter und Wuppertaler Jugendfreund der Lasker-Schüler, Johannes Schlaf, Gustav Landauer, Richard Dehmel sowie die Lyriker Julius und Heinrich Hart, ein aus Münster in Westfalen stammendes Brüderpaar, das den »neuen Menschen« proklamierte, der »die Tragik des Lebens unter unsere Füße bringt.«

Es ist dies die Zeit der Jahrzehnte währenden Caféhausexistenz der Dichterin, in der sie mit den mannigfaltigsten geistigen und künstlerischen Strömungen der Epoche in Berührung kommt. Ein Zentrum der Begegnungen war das Café des Westens, das Berliner Romanische Café. Auch im Nollendorf-Casino ist sie zu finden, wo an den Donnerstag-Abenden der Klub der »Kommenden« residiert, eine Versammlung übersprudelnder Geister mit zukunftsgerichtetem Blick auf ein gesellschaftspolitisches Utopia, zu denen sogar Rudolf Steiner, der Begründer der Anthroposophie gehört, der in einem Streitfall die Partei Else Lasker-Schülers ergreift. Nicht frei von Eifersüchteleien und von durchaus heftigen Auseinandersetzungen geprägt sind diese ansonsten so idealistisch hochschäumenden Vereinigungen gewesen. Bei allem Hang zur Selbstinszenierung und der Begierde nach Anerkennung unter den Teilnehmern der Diskussionsrunden und Autorenlesungen sind Augen und Ohren der Dichterin vorwiegend auf Peter Hille, den sogenannten »Verlaine von Berlin« fixiert. Ihm verdankt sie es auch, daß sie mit ihrem Söhnchen den Kellerraum, welchen ihr ein Portier für eine Monatsmiete von fünfundsiebzig Pfennig zur Verfügung gestellt hatte, verlassen konnte. In der neugegründeten Künstlerkolonie Berlin-Schlachtensee lebte sie dann auf, bis wiederum billige Hotelzimmer und armselige Dachstuben zum Quartier der Nomadin wurden. Aber bei allem Vagantentum nimmt die Liebe zu ihrem Kind dabei keinen Schaden, wenn auch die älteren Brüder sowie Onkel Leopold Sonnemann über ihre Lebensweise erzürnt sind oder sich ihrer schämen. Treu besorgt bleiben stets die beiden Schwestern, von denen Anna das »Königskind« Paulchen unter ihre Obhut nimmt, sooft es erforderlich ist, und das dürfte nicht selten gewesen sein.

Mit biblischem Pathos tritt die Dichterin in Peter Hilles Fußstapfen. Sie wird zur Jüngerin des zum Mythos verklärten »lieben Propheten«, dessen Naturmystik und gnostische, auf Weltliebe basierende Religiosität bei ihr auf eine gleiche Wellenlänge trifft.

Hille, den sie als ihren »Gottkameraden« bezeichnet, »der nur gleichbewertet werden darf mit Propheten und Göttern«, ist ein gelehrter Mann, der sein universales Wissen an sie weitergibt, ihr »auch oft von der Weisheit Buddhas« erzählt. Neben mystisch gestimmter Naturlyrik schreibt er Romane, Tragödien und ebenso kluge wie griffige Aphorismen. Seine Manuskripte kritzelt er auf Zigarettenschachteln, Briefumschläge, Rechnungen und Papierschnitzel, die er in Säcken als seine einzige Habe mit sich schleppt. Wenn nicht gerade Freunde oder Bewunderer ihn beherbergen, schläft er auch unter freiem Himmel. In einem der Beiträge Else Lasker-Schülers, »St. Peter Hille«, in dem 1932 bei Rowohlt in Berlin veröffentlichten Prosaband »Konzert«, heißt es: »Ein Prophet war Er, die Verkörperung hochzeitlich verklärter Seele. Selbst über die Bitternis seines Lebens strömte Vermählungsmusik mit der Ewigkeit ... Er wandelte auf Erden in Seiner letzten Einkörperung. Er hatte den Gipfel erreicht. Das heißt: er kehrt nach seinem Tode sofort in Gott ein.« Gott ist dabei mit »Weltseele« gleichzusetzen. Sich ihr zu verbinden und sie zum Ausdruck zu

bringen ist Aufgabe des Schreibens und Lohn der dichterischen Ergriffenheit. Else Lasker-Schüler bringt es auf die Formel: »Inspiration: Platzmachen für Gott.«
Diese in der Dichterin schon früh angelegte naturmystische Religiosität fand bei Peter Hille Widerhall. Als sie zu ihm stieß, bedurfte sie offensichtlich noch ermunternder Bestätigung und einer Handreichung, die sie über den Graben ihres Eheunglücks und ihrer Selbstzweifel zog. »Petrus der Felsen« ist das erste der 47 Kurzkapitel ihres Hymnus an ihn, »Das Peter Hille-Buch«, überschrieben. Es beginnt mit den in biblischem Ton gehaltenen Sätzen: »Ich war aus der Stadt geflohen und sank erschöpft vor einem Felsen nieder und rastete einen Tropfen Leben lang, der war tiefer als tausend Jahre. Und eine Stimme riß sich vom Gipfel los und rief: ›Was geizt Du mit Dir!‹ Und ich schlug mein Auge empor und blühte auf, und mich herzte ein Glück, das mich auserlas. Und vom Gestein zur Erde stieg ein Mann mit hartem Bart- und Haupthaar, aber seine Augen waren samtne Hügel … Und wir stiegen ins Tal hinab, und der Mann mit dem harten Bart- und Haupthaar fragte mich, von wo ich käme – aber ich schwieg; die Nacht hatte meine Wege ausgelöscht, auch konnte ich mich nicht auf meinen Namen besinnen, heulende hungrige Norde hatten ihn zerrissen. Und der mit dem Felsennamen nannte mich Tino. Und ich küßte den Glanz seiner gemeißelten Hand und ging ihm zur Seite.«
Das Buch erschien 1906, zwei Jahre nach dem Tod Peter Hilles, der am 7. Mai 1904 auf einer Bank im Bahnhof Zehlendorf zusammengebrochen und im Krankenhaus Lichterfelde gestorben war. So wie er ihr den spanischmorgenländisch klingenden Dichternamen Tino gab, verleiht sie später den Freunden ihre Märchennamen. Mit Tino aber hatte es noch eine besondere Bewandtnis. Umgekehrt gelesen wird Tino nämlich zu Onit, und das wiederum ist der Name jenes Onit von Wetterwehe, den

Tino zusammen mit Petrus im 4. Kapitel des Hille-Buches besucht. Onit von Wetterwehe aber ist Gerhart Hauptmann. Das geht eindeutig aus dem Hille-Essay in dem 1913 erschienenen ersten Essayband »Gesichte« hervor, wo der gleiche Besuch geschildert wird und die Autorin die Identität des Onit von Wetterwehe enthüllt. Hauptmann soll sich übrigens, wie die Dichterin an anderer Stelle mitteilt, über Hilles Besuch »wie ein beschenkter Knabe« gefreut haben. Durch die Umkehrung ihres eigenen Poesienamens Tino zu Onit verband Else Lasker-Schüler sich »zugleich auf geheime Weise mit Gerhart Hauptmann«, wie Erika Klüsener es formulierte.

In beiden Versionen wird Tino als eine von orientalisch-jüdischem Flair umgebene Besonderheit vorgestellt. Im Hille-Buch fragt Onit von Wetterwehe: »Wer ist sie?« Und Petrus antwortet: »Ja, das möchtest Du gerne wissen – gefunden habe ich sie – irgend ein fremder, gebräunter Stern hat sie wohl aus der Hand fallen lassen.« Im Hille-Essay sagt Petrus »der Herrliche« zu Hauptmann: »Dies ist mein Kamerad, Tino nenne ich ihn. Es ist der Name ihres Blutes, die grünrote Ausstrahlung ihrer Seele.«

Auch in Gerhart Hauptmanns Werk haben Else Lasker-Schüler und Peter Hille Eingang gefunden. Im Roman »Der Narr in Christo Emanuel Quint« (1910) ist Hille in der Gestalt des Dichters Peter Hullenkamp und seine Freundin in der der Annette von Rhyn wiederzuerkennen. Peter Hullenkamp, heißt es da, »war eigentlich eine Apostelgestalt ... ein zeitfremder Mensch, hinter dessen steiler, gewaltiger Stirn sich eine ferne Zukunft und eine ferne Vergangenheit in ein ewig gärendes Märchen zusammenbildete.« Die ihm so geistesverwandte Freundin wird mit den Sätzen charakterisiert: »Auch Annette von Rhyn, die überall neben ihm herlief ... war vollkommen durch ihn und er durch sie in dieses brodelnde Mär-

chen eingeschlossen. Sie nannte ihn abwechselnd einen
König von Tabropane, einen Kaiser der sieben schwim-
menden Inseln, einen Aufseher der hängenden Gärten
der Semiramis ... die nächsten vier Wochen lang war er
ihr Harun al Raschid«, und beide lebten »in den Palästen ... ihrer Einbildung.«

In der mythisierten Gestalt Peter Hilles fand Else Lasker-Schüler den Brennspiegel ihrer naturmystischen Religiosität und Weltsicht, die alle Gegensätze in sich ver-
eint, auch Christliches, Germanisches, Jüdisches und
Buddhistisches, so daß Hille nicht nur als Prophet und
Petrus, sondern auch als Noah, Poseidon, Baldur, Wo-
tan und sogar – denn aus dialektischer Spannung beste-
hen nun einmal Welt und Kosmos – als Satan in Erscheinung treten kann.

Hille selbst wiederum findet nicht weniger Namen des
Überschwangs in seinen Briefen an die Dichterin. »Tino
– Königin der allerhöchsten Leidenschaften« nennt er
sie, »meine kongeniale Schwester«, »mein lieber hoher
Kamerad«, »kleines Mädchen mit der großen Weltseele«
oder auch »Du mein herrlicher Schicksalsbackfisch mit
den verdammnislodernden Sonnenaugen!«

Neben dem inhärenten Ton der Abgehobenheit von den
Niederungen der Alltagsmenschen ein schmeichelhaftes
Kompliment für eine über Dreißigjährige, deren lang
bewahrte verspielte Kindlichkeit und grazile Erscheinung es jedoch durchaus rechtfertigten. Hille selbst war
kaum weniger kindhaft. Ein »tausendundzwei Jahre al-
tes Urkind« nennt sie ihn. Gerade die Kongenialität der
beiden scheint den Spannungsbogen der Geschlechter
soweit abgebaut und hinter sich gelassen zu haben, daß
aus dieser Begegnung kein Liebes- sondern ein Freun-
despaar wurde, das sich in geschwisterlicher Gemeinsamkeit vom gleichen Atem der »Weltseele« umhüllt
wußte. Eine solche Konstellation kam, bewußt oder un-
bewußt, dem Verlangen der Dichterin entgegen. Es be-

friedigte ihren Wunsch nach menschlicher Nähe und Gemeinsamkeit jenseits der ungestümen Macht ihrer Weiblichkeit, von der sie sich selbst immer wieder überwältigt sah, weshalb sie so gern in Männerrollen floh. Der Berliner Literaturkritiker Samuel Lublinski, der sich früh für Else Lasker-Schüler einsetzte, von der er als »der entschieden bedeutendsten Erscheinung« auf dem Gebiet »moderner Frauenlyrik« sprach, schrieb 1904 über sie: »Fast wie gewisse idealistische Jünglingsnaturen empfindet sie die bange Wahl zwischen Sinnenglück und Seelenfrieden, und sie hat Angst vor der Sinnlichkeit, die ihr wie ein unheimliches Fabeltier erscheint, vor dem sie flüchtet und dem sie verfällt.« Es überrascht daher nicht, wenn unter den frühen Gedichten, die fast alle Liebesgedichte sind, neben trunkener Hingabe an einen Geliebten auch solche der Verdammnis des eigenen »Evablutes« zu finden sind. Da können Liebe im Gedicht »Orgie« als jauchzender Gesang und die Liebenden als »Zwei wilde Symphonien!« gefeiert werden, die »sehnsuchtsübervoll ineinander« taumeln, während gleichzeitig auf schockierende Weise die eigene Weiblichkeit verteufelt wird, wie in »Frau Dämon« (1900):

> »Ein Giftbeet ist mein schillernder Leib
> Und der Frevel dient ihm zum Zeitvertreib,
> Mit seinen lockenden Düften
> Den Lenzhauch der Welt zu vergiften.«

Noch im späteren »Malik« ist von »des Kaisers Abneigung gegen Eva« die Rede, und Jussuf Abigail, so wird gesagt, »verbarg seine Abneigung gegen alles Weib, schon als Prinz von Theben. Und die geraubte Venus von Siam betrachtete er nur wie ein unvergleichliches Kunstwerk«, so daß sie (hinter der sich die zum Freundeskreis der Berliner Bohème gehörende Schauspielerin Kete Parsenow verbirgt) unter diesem Kult der Ästhetik »zu Alabaster werden« muß.

Da Liebe und Weiblichkeit dennoch nicht zu unterdrük-
ken sind, werden sie in die Sphäre des Auserwähltseins
gehoben, nicht fern der Grenze zu Nietzsches Übermen-
schentum. Ein wenig an das Verhältnis des Zarathustra-
Dichters zu Lou Andreas-Salomé erinnert auch das von
Peter Hille zu Else Lasker-Schüler. »Ich hasse die Liebe
unter den Alltäglichen«, heißt es nicht ohne Hybris in
dem acht Jahre nach Hilles Tod erschienenen Liebesroman »Mein Herz«, und »wenn der Prophet noch lebte,
ich würde an ihn einen Hirtenbrief schreiben, daß er die
Liebe verbiete ... St. Peter Hille war Ästhet. Lieben dür-
fen sich Tristan und Isolde, Carmen und Escamillo,
Ratcliff und Marie, Sappho und Aphrodite, der Mohr
von Venedig und Desdemona« sowie neben »Romeo und
Julia, Faust und Margarete« einige erwählte Freunde
unter ihren Dichternamen.
Nur durch das Bewußtsein ihres paradiesischen Ur-
sprungs kann Liebe sich legitimieren. Allein jener »Fetzen Paradies«, der auch heute noch als »das schimmernd
erhaltene Beet allererster Heimat« zu finden ist, birgt in
sich »den ungetrübten Glanz der Welt der Liebe.« So
steht es in dem »Konzert«-Beitrag »Paradiese«, der auch
Else Lasker-Schülers Verhältnis zur Sexualität erhellt:
»Die Liebe ist immer ein psychischer Besitz, die Sexualität ihr Kelch. Die Sexualität zu verwerfen also, hieße
den Leib nicht achten, der die Seele beherbergt. Irrig
geschieht dies des öfteren. Aber zu verdammen dünkt
mich die Sexualität, die nicht nach der Liebe Paradies
sucht, ebenso der Körper, der seine Seele ungastlich birgt
und verkommen läßt.«
Wie das Leben wird auch die Liebe poetisiert und bis in
kosmische Weiten hinein potenziert. Dabei haftet ihr etwas vom Duft der »blauen Blume« der Romantik an, ein
Ewigkeitsanspruch, den zu stellen sich Else Lasker-
Schüler bis zu ihrem Lebensende getrieben und berech-
tigt fühlte. All das, mitsamt dem damit verbundenen Lei-

den, erkannte Peter Hille in der wesensverwandten Dichterfreundin, über die er schrieb: »Sie hat Schwingen und Fesseln, Jauchzen des Kindes, der seligen Braut fromme Inbrunst, das müde Blut verbannter Jahrtausende und greiser Kränkungen. Mit zierlich braunen Sandälchen wandert sie in Wüsten, und Stürme stäuben ihre kindlichen Nippsachen ab, ganz behutsam ohne auch nur ein Puppenschühchen hinabzuwerfen. Ihr Dichtgeist ist schwarzer Diamant, der in ihrer Stirn schneidet und wehtut, sehr wehe.«

Mehr und mehr steigert sich in der Vorstellung Else Lasker-Schülers Petrus der Fels »zum himmlischen Stern« und übermächtigen Verkünder der einzig wahren Welt- und Menschenlehre, zu einer Schicksalsmacht, die von ihrem eigenen Wesen so sehr Besitz ergreift, daß sie sich selber zu verlieren droht. »Und ich fürchtete mich; er war ein Zauberer«, schreibt sie im »Peter Hille-Buch«, »ich konnte mich nicht wiederfinden …« Dennoch ist sie stark genug zur Selbstbefreiung. »Es war im Spätfrühmonat 1903«, heißt es weiter, »als mich die Furcht vom Erdältesten vertrieb.«

So wird es also Ende März 1903 gewesen sein, daß Else Lasker-Schüler sich von Peter Hille trennte – trennte ohne Begegnungen mit ihm ganz einzustellen und ohne ihn in seiner Einmaligkeit und Mentorrolle je zu vergessen. Zur gleichen Zeit betrieb sie auch ihre Scheidung von Dr. Lasker, die am 11. April 1903 offiziell vollzogen wurde.

Suche nach der Daseinsmelodie

Ein turbulentes Leben: Noch im Jahr der Scheidung ihrer ersten Ehe, am 30. November 1903, heiratet Else Lasker-Schüler den fast zehn Jahre jüngeren Komponisten, Schriftsteller und Kunstkritiker Georg Levin, dem sie den Namen Herwarth Walden gibt, unter dem er seither bekannt ist. Er wird zu ihrem Propagandisten, veröffentlicht und vertont Gedichte von ihr und wird 1911 – kurz vor ihrer zweiten Ehescheidung – zum Adressaten der »Briefe nach Norwegen«, die 1912 unter dem Titel »Mein Herz« als jener »Liebesroman mit Bildern und wirklich lebenden Menschen« erscheint, den wir bereits kennen.

Herwarth Walden, der geistreiche Literat und Verfasser von Dramen, Romanen und theoretischen Abhandlungen über den Expressionismus veranstaltete auch Ausstellungen von Künstlern, deren Bedeutung er als erster erkannt hatte und gründete im April 1904 den Berliner »Verein für Kunst«. Einige Jahre später arbeitete er als Redakteur der Zeitschriften »Das Magazin« (1908), »Morgen« (1908) und »Das Theater« (1909/10). Unter Mithilfe von Karl Kraus, der bei Else Lasker-Schüler als »Cardinal« oder »Dalai-Lama« auftritt, rief er im März 1910 die Zeitschrift »Der Sturm« ins Leben – neben Alfred Kerrs »Pan« (ebenfalls 1910) und der bereits seit 1899 bestehenden »Fackel« von Kraus in Wien eines der bedeutendsten Sammelbecken aller literarischen Bestrebungen dieser Zeit. Es ist die bewegte Epoche der Neugründungen Dutzender von Zeitschriften gegen das politische System unter der Vormundschaft des Wilhelminismus sowie die Frühzeit des Expressionismus auch in der bildenden Kunst. In das Jahr 1910 fällt Wassily Kandinskys erstes abstraktes Bild und Oskar Kokoschka, einer der frühesten Vertreter des Expressionismus, stößt als Mitarbeiter zu Waldens »Sturm«. Ein Jahr später gründet der avantgardistische Schriftsteller, Lyriker und Pazifist Franz Pfemfert die Zeitschrift »Aktion«, die sich wie »Der Sturm« bis 1932 hält und in ihrer Aufmachung und linksaktivistischen Richtung Vorbild für weitere Blätter wird, die vor und nach dem Ersten Weltkrieg aus dem Boden schießen.

Im gleichen Jahr 1911 organisieren Franz Marc und Kandinsky in München die erste Ausstellung unter dem Titel »Der blaue Reiter«. Auch dies eine Kunstrichtung jenseits akademischer Verkrustungen und bürgerlichen Konservativismus'. »Platze, du Spießer, ich glaube, dein Stündlein schlägt«, schrieb damals Paul Klee. Aus dieser Zeit des Aufbruchs zu neuen künstlerischen und gesellschaftlichen Ufern mit dem Ziel des selbstbefreiten »neuen Menschen« wachsen Else Lasker-Schüler Kräfte des Selbstvertrauens zu. Sie sieht sich auf dem richtigen Weg.

Es ist die Zeit, an die sich noch 1948 Alfred Döblin, der Autor des Romans »Berlin Alexanderplatz« (1929), erinnert: »Man traf sich mit der Lasker-Schüler, Peter Hille im Café des Westens, gelegentlich bei Dalbelli an der Potsdamer Brücke. Man hatte Tuchfühlung mit Richard Dehmel, mit Wedekind, Scheerbart ...« Aufmerksam wird Waldens Begegnung mit der Lasker-Schüler und das Zusammenleben der beiden beobachtet. Früh lernte der Arztsohn aus der Berliner Holzmarktstraße, so Döblin weiter, »die bildschöne junge Frau des Arztes Lasker kennen. Sie führte eine unglückliche Ehe. Walden befreite sie daraus und heiratete sie, und ihr kleiner Sohn, Paulchen, ging mit ihr. Sie wohnten in der Joachimsthalerstraße, das Ehepaar Walden. Walden, in seinem Spürtalent, hatte die große Begabung der jungen Frau erkannt, aber ihr Temperament, wie mir scheint, nicht mit derselben Sicherheit. Ich wohnte heftigen Szenen zwischen den beiden bei. Sie war leidenschaftlich und unbändig. Es hat nicht lange gedauert, bis sie sich trennten ...«

Aber nicht nur ungezügeltes Temperament bestimmt Else Lasker-Schülers Wesen. Sie durchlebt auch Zeiten der Schwermut, fällt in Depressionen und verfügt dabei über eine schmerzhafte seismographische Feinfühligkeit. In Johannes Holzmanns »Kampf«, der radikalen »Zeitschrift für gesunden Menschenverstand«, in der unter anderen Herwarth Walden, Franz Pfemfert, Peter Hille, Paul Scheerbart und Erich Mühsam zu Wort kommen, erscheint am 13. Februar 1904 ihr Gedicht »Weltende«:

> »Es ist ein Weinen in der Welt,
> Als ob der liebe Gott gestorben wär,
> Und der bleierne Schatten, der niederfällt,
> Lastet grabesschwer.
>
> Komm wir wollen uns näher verbergen ...
> Das Leben liegt in aller Herzen
> Wie in Särgen.
>
> Du! wir wollen uns tief küssen ...
> Es pocht eine Sehnsucht an die Welt,
> An der wir sterben müssen. –«

Ein Jahrzehnt vor der ersten europäischen Selbstzerfleischung eine hellsichtige Vision! Eine Vorwegnahme aber auch der eigenen Heimatlosigkeit in einer Welt, in der das Leben abgetötet in den Herzen der Menschen liegt, so daß nur noch die Nähe zu einem geliebten »Du« Schutz im Verborgenen bietet. Unendlich fein ist das Gespür für das Pochen einer sich noch nicht eindeutig definierenden Sehnsucht an die Welt, die sich in der Zweisamkeit der Liebenden jedoch in solcher Stärke äußert, daß sie tödlich wird.

Mit »Weltende« begibt sich die Dichterin auf das magische Feld eines Raum-Zeit-Kontinuums, das ihren Gesichtskreis auch auf Künftiges hin ausweitet. Dieser prophetische Zug wird in dem späteren Schauspiel »Arthur Aronymus. Aus meines geliebten Vaters Kinderjahren« (1932) noch eindeutiger zutage treten. In »Das Gebet« aus dem Prosaband »Konzert« schreibt Else Lasker-Schüler: »Die Dichtung bettet sich neben Gott ... Der Prophet, des Dichters ältester Bruder ...«

Am 26. März 1904 erscheint, ebenfalls in der Zeitschrift »Kampf«, knapp zwei Monate vor Peter Hilles Tod, dessen Loblied auf die Dichterin, wodurch ihr viel Aufmerksamkeit zuteil wurde. Darin die Sätze: »Else Walden-Schüler ist von dunkel knisternder Strähne auf heißem, leidenschaftsstrengem Judenhaupte, und so berührt so etwas wie deutsche Volksweise, wie Morgenwind durch die Nardengassen der Sulamith überaus köstlich.« Im Todesjahr Hilles kommt auch sein »Roman der Schönheit« heraus, dessen erstes Kapitel »Das Kind« Else Lasker-Schüler gewidmet ist.

Wiederholt tritt sie nun im »Verein für Kunst«, dem Veranstaltungsforum ihres Mannes, aber auch anderswo mit Dichterlesungen auf. In Waldens neu gegründetem »Verlag des Vereins für Kunst« in Berlin-Charlottenburg erscheint 1905 ihr zweiter Gedichtband »Der siebente Tag«. Darin singt sie als »der Hyroglyph,/ Der unter der Schöpfung steht« aus einem Herzen, das zum Symbol für »eine traurige Zeit« geworden ist, die »tonlos tickt«, ihr »stilles Lied«, weiß Evas »Kopf mit den goldenen Lenzhaaren« tief über sich gesenkt, läßt ihre »späte Liebe tanzen«, gedenkt der »Marie von Nazareth«, die als träumendes »Marienmädchen« unter dem »Blaukleide« eines großen Himmels gesehen wird, und erinnert sich in den von Trauer überschatteten Versen des Gedichts »Mein Volk« an ihre eigene, ferne Herkunft:

»Der Fels wird morsch,
Dem ich entspringe
Und meine Gotteslieder singe …
Jäh stürz ich vom Weg
Und riesele ganz in mir
Fernab, allein über Klagegestein
Dem Meere zu.

Hab mich so abgeströmt
Von meines Blutes
Mostvergorenheit.
Und immer, immer noch der Widerhall
In mir,
Wenn schauerlich gen Ost
Das morsche Felsgebein,
Mein Volk,
Zu Gott schreit.«

Sie hat nun den Durchbruch geschafft. Selbst ein Kritiker wie Paul Remer, der sie früher abgelehnt hatte, schreibt jetzt im »Literarischen Echo« vom 1. April 1906: »Die dunklen wirren Geschicke ihres Volkes trägt sie in ihrem Blute … Was aber das Bedeutsamste ist, weshalb der Dichtung von Else Lasker-Schüler ein hoher Wert beigemessen werden muß: sie gibt nicht gestammelte, sondern gestaltete Mystik. Sie hat das große Lichtwort ›Werde!‹ über ihr Chaos gesprochen, und es hat sich gegliedert, ist zu Klang und Rhythmus geworden. Sie beherrscht ihren Überschwang wie ihre Versunkenheit.«
Als 1906 »Das Peter Hille-Buch« erscheint, gewinnt ihre Stimme im Kreise der literarischen Zelebritäten an Gewicht. Wieder teilt sie der Schwester Anna ihre nun erfolgte öffentliche Anerkennung mit, lobende Besprechungen im Feuilleton des »Berliner Tagblatts«. Gerühmt wird sie auch von der dreieinhalb Jahrzehnte älteren Schriftstellerin Hedwig Dohm. Die Witwe des Gründers des politisch-satirischen Wochenblatts »Klad-

deradatsch« und Großmutter von Thomas Manns Frau Katia, hatte damals auch als engagierte Vorkämpferin der Frauenemanzipation noch keine Schwierigkeiten, das Loblied auf einen männlichen Helden zu goutieren. In »Der Tag« erschien am 6. Juli 1906 ihr Artikel, in dem es heißt: »Ich liebe Bücher, die ganz persönlich sind ... eine treue Spiegelung des oder der Schaffenden. Ein solches Buch ist das Peter-Hille-Buch von Else Lasker-Schüler. Ein Hymnus für den hingeschiedenen Dichter. Nur ein kleiner Kreis kongenialer Geister hat ihn gekannt, genannt, geliebt. Else Lasker-Schüler baut ihm aus Sternen und Blumen einen Altar, an dem sie weihrauchberauscht niederkniet und ihm ein Grablied singt, in dem Lerchenjubel sich mit schwermutvollen Requiemklängen mischt ... Beim flüchtigen Darüberhinlesen ist man ganz verdutzt über das fremdartige, ans Groteske streifende Gebaren dieser Gebilde, einschließlich der Namengebung. Wer aber je von dem Kabarett Peter Hille gehört hat, der ahnt unter diesen Masken die Gesichter seiner Freunde, denen die Dichterin ... pittoresk-märchenhafte Etikettes angeheftet. Und auch das ahnt der Kundige, daß diese Tafelrunde des Weltfremdlings Peter Hille Königskinder aus Bohèmeland sind.«

Einige dieser Königskinder aus dem Hille-Kreis der Berliner Bohème haben tatsächlich etwas von den legendären Rittern der Tafelrunde des König Artus an sich; denn wie diese suchen auch sie im Grunde den heiligen Gral, das Geheimnis des Lebens und die Unsterblichkeit durch die Macht der Liebe, allen voran die ungekrönte Königin Else Lasker-Schüler. In ihrer 1907, ein Jahr nach dem Peter Hille-Buch erstmals in kleiner Auflage veröffentlichten morgenländisch beglänzten Dichtung, »Die Nächte Tino von Bagdads«, wagt sie zum ersten Mal den Sprung aus ihrer realen Existenz heraus in die mythische Inkarnation einer Traumfigur. Tanz und Lebenslust, Liebe und Melancholie halten sich in diesem Buch die Waage. »Wie der Frühling ist es, verliebt zu sein …« gesteht Tino darin im 10. Kapitel »Mein Liebesbrief«, und in autobiographischer Selbstenthüllung fährt sie fort: »Immer kommen große Stürme über mein Blut; ich fürchte mich vor ihnen, aber sie überjubeln mich mit tausend blühenden Wundern.« Dann aber wieder, und das gleich im 2. Kapitel, »Das blaue Gemach«, können keine Freudenfeste, die der Khedive für sie veranstaltet, ihre Schwermut lindern. Keine Dudelsackpfeifer und keine Flötenspieler, weder die Gaukler unter »zerzausten Flachsperücken« noch die Spaßmacher in »ihren wilden, weiten, schellenbehangenen Röcken« – und wie gern trat sie selbst in derlei Verkleidungen auf – sind in der Lage, sie zu trösten. Sie gesteht vielmehr: »Ich bin grenzenlos traurig, es ist, als ob sie mich überschütte, die Traurigkeit, wie dumpfes Nebelweinen eine Stadt.«

Wie die Ouvertüre zu einem geheimnisvollen Kulttanz, der längst Gestorbene in kosmischem Einklang wieder auferweckt, liest sich das 1. Kapitel »Ich tanze in der Moschee«:

»Du mußt mich drei Tage nach der Regenzeit besuchen, dann ist der Nil zurückgetreten, und große Blumen leuchten in meinen Gärten, auch ich steige aus der Erde und atme. Eine sternenjährige Mumie bin ich und tanze in der Zeit der Fluren. Feierlich steht mein Auge und prophetisch hebt sich mein Arm, und über der Stirne zieht der Tanz eine schmale Flamme und sie erblaßt und rötet sich wieder von der Unterlippe bis zum Kinn. Und die vielen bunten Perlen klingen um meinen Hals … oh, machmêde macheï … hier steht noch der Schein meines Fußes, meine Schultern zucken leise – machmêde macheï, immer wiegen meine Lenden meinen Leib, wie einen dunkelgoldenen Stern.«

Die fremden Worte entstammen keiner realen Sprache. Sie sind erfundene Lautmalerei, derer die Dichterin sich gelegentlich bedient. Bezeichnend für sie ist auch das

Mittel der Körpersprache, durch die schwer Sagbares zum Ausdruck kommt. So das prophetische Heben der Arme, das in diesem Text für das feierliche Eintauchen ins eigene Leben und in das der wiedererblühenden Erde steht. Ganz anders im Gedicht »Mein stilles Lied«, in dem das Ich als gefangener und böser Zauberer in der Unvollkommenheit des irdischen Daseins erlebt wird, weshalb die in den letzten Versen beschworene Gestik von entsprechender Trauer und Resignation zeugt: »Und meine Arme, die sich heben wollen,/ Sinken …«

Wenn Prinz Tino von Bagdad auch als »Fluchtmaske« interpretiert werden kann, als ein Kleid, in dem die Dichterin ihre persönlichen Nöte vergaß, zu denen Krisensituationen in der neuen Ehe ebenso wie stete Geldsorgen gehörten, so erschöpfen sich »Die Nächte Tino von Bagdads« keineswegs in dieser Funktion. Das ganze Spektrum der Lebenstotalität in der Weisheit des Märchens scheint vielmehr darin auf. Else Lasker-Schüler, in diesem Buch »Tino, die Dichterin Arabiens«, weiß um die Doppelgesichtigkeit unserer Welt. Sie spart darum die Schrecknisse des Lebens nicht aus und entrichtet der Grausamkeit, einem wesentlichen Bestandteil auch aller Märchen, ihren Tribut. Da ruht zum Beispiel der Kalif, Tinos Oheim, »auf einem Kissen, das ist rot wie ein Mal, und er hebt und senkt die große Hand blutstrafend in den Tod. Enthauptete Söhne edler Mohammedanergeschlechter« werden vorgeführt, und durch »die Risse der Steintore tropft des Fremdlings Blut über die rauhen, breiten Steine der Höfe hinweg bis vor die Füße des Kalifen. Nie hörte ich einen ewigeren Fluß. Er singt, wie die Jehovapriester an ihren Feiertagen, wie der Mosesgipfel des Sinai.« Nicht weniger grausam ist Tinos Vater, der »weißbärtige Pascha«. Da seine Sklaven und einige Höflinge verbotenerweise den »nackten Tanz« Tinos, ihren Leib und »vor allen Dingen« ihr Angesicht gesehen haben, läßt er »ihnen ihre Zungen durchbohren und die edlen Hofleute blenden im Vorhof des Palastes ...«

Der geradezu lustvolle Gebrauch blutiger Metaphern in den märchenhaften Prosawerken der Dichterin, gelegentlich auch in deren Lyrik, ist auffallend. Er kann kaum allein als Stilmittel einer literarischen Gattung erklärt werden. So wird etwa im »Malik« mit ausschweifender Phantasie und schwarzem Humor erzählt, wie der Mohrendiener des Herrschers zur Belustigung seines Herrn Kosaken »auffraß« und wie er, der alljährlich einen Tag lang das Amt des Kaisers übertragen bekommt, mit Verrätern umging: einige von ihnen »ließ Oßman bei lebendigem Leibe in den Küchenräumen braten; die dampfenden Gerichte durch die Straßen und über die Plätze Thebens tragen, daß die Hunde gierig heulten und die Katzen vor Grausamkeit schrien.« In »Der Prinz von Theben« wiederum wird vom Titelhelden, der als »Abigail der Dritte« zur Königswürde des Melech gelangt und als »der Liebende« galt (seine Schöpferin hat ihn in der illustrierten Buchausgabe mehrmals gezeichnet, als den Einsamen, als den sein Herz für das Volk Aufopfernden und als den aus seinem Herzen Blutenden) gesagt, daß er, der »seinen Bürgern Kußhände« zuzuwerfen pflegte, gleichzeitig »mit tödlichem Durst« reagierte, als die Seinen ihn einmal in seiner Hoheit verkannten: Er überfiel einen seiner »Zebaothknaben und fraß ihm das Herz aus der Brust.« Die Zebaothknaben sind, wie der Melech selbst, Diener Jehovas, dessen hebräischer, seine kosmische Macht betonender Name Zebaoth auch für die Heerscharen Israels oder die der Sterne oder der Engel steht. »Aber die treuen verwirrten Jünglinge«, heißt es weiter, »würfelten untereinander, wer von ihnen die grausige Tat ihres Königs auf sich nehmen sollte.«

Auch ein Krieg der Muselmanen gegen die Christen, an den Jussuf sich erinnert, wird farbenprächtig geschildert:

»Ich und meine Krieger zerschmetterten die Altäre und Heiligtümer; oben auf des Turmes Kreuz spießte Ichneumon von Üsküb den Knappen des jungen Kaisers auf.«

Alle diese Szenen spielen sich im goldenen Rahmen des Märchenhaften, in ambivalenten Bildern von poetischer Schönheit ab. In die psychische Struktur solchen Erzählens paßt es auch, wenn die gleiche Prinzessin von Bagdad, die emphatisch kundtut: »Ich schlage die Christenhunde noch in dieser Nacht ...«, sich gleichwohl ins Kirchenschiff der Christen stiehlt, um nach den Orgelklängen eines Kreuzfahrers zu tanzen. Sie träumte sogar »verborgen hinter der Wimper des Ritters« und küßte seine Kniee, wobei ihre Küsse wiederum »blutige Zeichen hinterließen.«

Sind solche Merkmale lediglich Bestandteil der Magie des Dichterischen, die sich in der Einheit der Gegensätze, selbst der extremen, offenbart? Nimmt diese surrealismusnahe Fabulierfreude bereits etwas von Rilkes Gefühl vorweg, daß »das Schöne ... nichts als des Schrecklichen Anfang« sei, wie die erste der »Duineser Elegien« von 1923 es postuliert? Oder dienten Passagen der Grausamkeit im Werk der Autorin auch der Abfuhr von Aggressionen? Fragen, die kaum zu beantworten sind. Eines aber haben die zitierten Texte mit dem Zeitgeist gemein: die Neigung, die Misere und Grausamkeit des Lebens ins Ästhetische zu heben – das Ästhetische als Heilmittel gegen die Übel der Welt. Offensichtlich ein immer wieder verführerischer Gedanke, der selbst den Krieg noch im verlogenen Gewand der Anmut ins Muster poetischer Thematik mit einbezieht. Wie Else Lasker-Schüler ihre Identifikationsfigur »in der Schönheit des Speeres, als zöge sie zum Feste« als »Allahs Krieger« gegen »die Christenhunde« antreten läßt, so führt Rainer Maria Rilke mit umgekehrten Vorzeichen seinen jugendlichen »Cornett« (1899) gegen »die heidnischen Hunde« ins Feld, um schließlich, als die Macht der Feinde über ihm zusammenschlägt, seinen Tod als ästhetisches Ereignis zu feiern: »... die sechzehn runden Säbel, die auf ihn zuspringen, Strahl um Strahl, sind ein Fest. Eine lachende Wasserkunst.«

Ein weiter Weg von diesem unverbindlichen Lyrismus zur Reife des späten Rilke. Auch Else Lasker-Schüler hatte ihn zurückzulegen. Doch nie verlor sie darüber ihre Sternensehnsucht. Stets trug sie ihre »Feierkleider, aus Traumseide gesponnen«, und stets blieb sie unter allen ihren Verkleidungen auch die Tino von Bagdad des Jahres 1907, die ebenso weltentrückte wie weltliebende Prinzessin, die »in der Großmondzeit durch helle Rosengärten um heimliche Brunnen« wandelt.

Und bald schon steht sie wieder unter dem Diktat einer neuen Schöpfung – ihres ersten Schauspiels »Die Wupper«.

Man kann bei der Art ihres Schaffensprozesses wohl von »Diktat« sprechen. Ähnlich Rilke, dem seine »Elegien« wie er selbst staunend bekannte, von einem überpersönlichen »Es« nachgerade eingegeben worden waren, scheint auch Else Lasker-Schüler des öfteren aus einer Ergriffenheit heraus geschrieben zu haben, die dem bloßen Willensakt entzogen blieb. In einer einzigen Nacht habe sie das Stück zu Papier gebracht, berichtet sie in »Ich räume auf!«, beim Umfang dieses fünfaktigen Schauspiels zwar schreibtechnisch kaum möglich, im Kern jedoch eine den Produktionsvorgang durchaus treffende Aussage. Der kurze Bericht »Meine Wupper«, der in »Konzert« zu finden ist, verdeutlicht es:

»Ich brachte wahrscheinlich mein Herz ins Fließen, als ich mein Schauspiel ›Die Wupper‹ schrieb. Es war in der Nacht, ich schlief, ja ich schlief. Mein Gehirn war also nicht imstande, mich zu dirigieren, den Takt zu meiner kleinen Erdkugel zu schlagen. Ein Theaterstück muß ja immer eine Welt sein, ins Rollen zu kommen. Nicht

um etwa auf die Bühne zu gelangen. Wer daran im Erschaffen auch nur heimlich denkt oder denken kann, der
zimmert eine Welt, aber er erschafft sie nicht – Ge-
schicklichkeit ist keine Zauberei und zaubern heißt des
Dichters Handwerk.«

Das Erstaunliche an diesem »gezauberten« Schauspiel ist
der völlig neue Ton, der darin angeschlagen wird. Die
mit starken naturalistischen Stilelementen erfüllte Sprache, der auch Züge des Expressionismus und des Sym-
bolismus nicht fehlen, macht es den Literaturwissen-
schaftlern schwer, das Werk stilistisch einzuordnen.
Wegen seiner Mischung aus derber Wirklichkeitsschil-
derung, die auch vor Ausdrücken nicht zurückschreckt,
die zu damaliger Zeit als obszön galten, und nächtlich-
phantastischen Stimmungen, fand Alfred Kerr 1927,
zwanzig Jahre nach Entstehung des Schauspiels, dafür
die Bezeichnung »Phantasto-Naturalismus«.

Vorgeführt wird darin das Leben von Menschen zweier
sozial entgegengesetzter Welten, die sich aber durch-
kreuzen und einander durchdringen: die einer reichen
Fabrikbesitzersfamilie und die der Fabrikarbeiter und
-arbeiterinnen. Beide Milieus, zu denen auch Herumtreiber und Jahrmarktsleute gehören, werden ebenso far-
big wie überzeugend geschildert. Da gibt es die auf ihren
Stand bedachte Fabrikantin Charlotte Sonntag, die ihre
Tochter Martha, von der – ein Motiv der Dekadenz – ein
Nacktfoto kursiert, lieber dem unter der Arbeiterschaft
verhaßten, aalglatten Dr. jur. Bruno von Simon überläßt,
dem Galan ihres Dienstmädchens Berta, als dem begab-
ten, ob seines opportunistischen Strebertums jedoch
kaum weniger unsympathischen Arbeitersohn Carl Pius,
der dann als abgewiesener Verliebter im Suff endet. Der
sanftmütigedle, aber todkranke Sonntag-Sohn Eduard
wiederum ist dem kindlichen Zauber des aufblühenden
Lieschen verfallen, seiner vierzehnjährigen »Königs-
braut« aus ärmlicher Färbersfamilie, die von den Ihren

am Ende in eine Zwangserziehungsanstalt gesteckt wird. Eduards Bruder Heinrich, ein ehemaliger Offizier, der sich über sein Zivilistendasein mit Alkohol und lauten Reden hinwegtröstet und der trotz oder gerade wegen seines geradlinigen Rabaukentums bei den Arbeitern beliebt ist, verliert sein Leben nicht im Duell, sondern, wie in einer Szene auf dem Jahrmarkt angedeutet, durch Selbstmord. Das ganze »Karussell« aber wird bewegt durch Mutter Pius, eine kupplerische, zynische Alte, die ihre proletarischen Weisheiten ebenso trocken zum besten gibt, wie sie den jungen Mädchen geheimnisvoll die Zukunft voraussagt. Sie ist es auch, die bei einem Streik die Unentschlossenheit jener Arbeiter anprangert, die sich daran nicht zu beteiligen wagen. »Wir sind ja alles Sozialdemokraten, aber darum brauchen wir doch keine Dummheiten machen«, meint einer der angepaßt Vorsichtigen. Mutter Pius beendet den Diskurs mit der Feststellung: »Alte Schafsköpfe, wo man euch hintreibt, freßt ihr!«

Dennoch ist Sozialkritik oder gar ein Umpflügen der politischen Landschaft nicht das Anliegen der Dichterin, die ihrem Schauspiel den mehrmals wiederholten Lied-Refrain vom »lieben Augustin« als Jahrmarkts-Begleitmusik einverleibt: »O du lieber Augustin: Alles ist hin, hin, hin …«, eine die Grundstimmung des Stückes ironisch-melancholisch untermalende Begleitmusik, die ans Surrealistische streift. Auch »drei Herumtreiber« treten in dieser comédie humaine auf, soziale Outsider, die mit Wuppertaler Dialekteinschlägen derbplastisch geschildert sind. Der eine, ein Exhibitionist, wird der »Pendelfrederech« geheißen, weil er immer »sein Pendel raushängen läßt.« Seine Philosophie beschränkt sich auf den Satz: »Ich hab nix von's Leben, aber es hat mir zum Zeitvertreib«. Dies wiederum bezeichnet »Lange Anna«, der zweite obdachlose Außenseiter, als »ein verfaultes Zeitvertreib«, dem er aber dennoch zustimmt, hat er doch mit Pendelfrederech »oft so'ne Opern.« Der »Gläserne Amadeus« dagegen, der dritte im Bunde, ein Mensch mit poetischer Seele und zersprungenem Herzen, ruft zur Besinnung: »Seid man still: es gibt noch was hinter der Düsterkeit, wart man, wenn es erst Licht wird.«

Else Lasker-Schüler hat ihr Schauspiel, das ohne eigentliche dramatische Handlung, ohne dramatische Spannungselemente und ohne Abschluß ist, als »schreitende Lyrik« bezeichnet. Offensichtlich versuchte sie auf diese Weise das Heraufkommen einer Welt zu beschreiben, deren Substanz nur in dichterisch geschauten Bildern faßbar wird. Treffend charakterisierte Joseph Spengler, ein zeitgenössischer Kritiker, das eigenwillige Drama: »Nur das Milieu tut sich auf, und zwar in einer Luftklarheit, daß jede Person, die mit einem Male auf der Gasse auftaucht, ob sie nun in Aktion tritt oder nicht, für den einen Augenblick das volle, farbige, das nur sie bedingende Leben gewinnt. Und trotzdem ist das Stück kein realistisches Schulbeispiel; denn die Verfasserin will noch etwas anderes als bloß lokale Töne, sie sucht nach der Melodie unseres Daseins überhaupt.«

Diese Melodie fand die Dichterin auch in der Erinnerung an ihre Wuppertaler Heimat. Im Essayband »Gesichte« versetzt sie sich dorthin zurück: »Ich bin in Elberfeld an der Wupper in der Stadt der Schieferdächer. Hohe Ziegelschornsteine steigen, rote Schlangen, herrisch zur Höhe, ihr Rauch vergiftet die Luft. Den Atem mußten wir einhalten, kamen wir an den chemischen Fabriken vorbei, allerlei scharfe Arzneien und Farbstoffe färben das Wasser, eine Sauce für den Teufel.« In der Skizze »Der letzte Schultag« erwähnt sie das Spülen der gefärbten Baumwollstoffe in der Wupper, die dadurch »wie sauer gewordene schwarze Milch« schimmerte. Das herrschaftliche Milieu der Fabrikanten mit Villa und Garten erlebte sie im eigenen Elternhaus.

Ein Vorabdruck des ersten Kapitels der »Wupper« wird

am 20. August 1908 in Siegfried Jacobsohns Theater-
zeitschrift »Die Schaubühne« veröffentlicht, aus der
1919 unter seiner Leitung »Die Weltbühne« hervorging,
jene bedeutende linkspolitisch-literarische Wochenzei-
tung, die später von Carl von Ossietzky herausgegeben
wurde und die Schriftsteller vom Range eines Kurt Tucholsky zu ihren Mitarbeitern zählte. 1909 erscheint das
vollständige fünfaktige Schauspiel im Buchverlag und
Bühnenvertrieb des jungen Erich Oesterheld in Berlin.
Doch der Erfolg bleibt aus. In ihren Briefen an Herwarth Walden nach Norwegen schreibt die Autorin
1911: »Der Verlag hat sich aber noch nicht erholt von
dem Reinfall in meine Wupper«, die sie mit gleichem
Galgenhumor auch ihre »ausgetrocknete Wupper«
nennt. Eine Lesung aus dem Schauspiel am 18. Januar
1911 im Berliner Neopathetischen Cabaret im Café
Kerkan, Behrensstraße 48, wo sie früher schon Gedichte
und Prosa gelesen hatte, blieb ebenfalls ohne besondere
Resonanz. Erst acht Jahre später, am 27. April 1919, kam
»Die Wupper« unter der Regie von Heinz Herald als
Matinee an Max Reinhardts Deutschem Theater in Berlin für »Das junge Deutschland«, eine um die Bühnen-
kunst der Expressionisten verdiente Gesellschaft, mit
einer Musik von Friedrich Hollaender zur Uraufführung. Das Lyrisch-Balladeske des Stückes aber wurde
als nicht theatergerecht und seine naturalistischen Züge
als widersprüchlich zur expressionistischen Regie und
Bühnenbildgestaltung kritisiert. Wieder mußte die Dichterin acht Jahre warten, bis ihr Schauspiel, das sie einmal
die »Sage meiner Stadt« nannte, am 15. Oktober 1927 an
Leopold Jessners Berliner Staatstheater unter der Regie
von Jürgen Fehling auf die Bühne kam. Doch bis dahin
ereignet sich im Leben Else Lasker-Schülers noch viel.

Im Irrgarten der Welt

Im Veröffentlichungsjahr der »Wupper«, 1909, zog das Ehepaar Walden nach Berlin-Halensee, in das Garten-Hochparterre Katharinenstraße 5. In dieser Wohnung eröffnete Karl Kraus im September sein Berliner Büro der »Fackel«, und schon im Oktoberheft der Zeitschrift erschienen die Gedichte »Und suche Gott«, »Siehst du mich« sowie fast gleichzeitig in der »Schaubühne« Jacobsohns »Ein Liebeslied«. Die beiden letztgenannten Gedichte sind, neben acht anderen, Senna Hoy, ihrem »geliebten Spielgefährten« und »Prinzen von Moskau« Johannes Holzmann (Johannes gibt von rückwärts gelesen Senna Hoy) gewidmet.

Der Anarchist Holzmann war, nachdem er 1905 Deutschland verlassen und sich in der Schweiz und in Frankreich aufgehalten hatte, 1907 ins zaristische Rußland gegangen und dort wegen Teilnahme an revolutionären Aktionen zu 15 Jahren Haft verurteilt und ins berüchtigte Katorga-Gefängnis verbracht worden. Im November 1913 reiste Else Lasker-Schüler, von Marianne von Werefkin, die zu russischen Regierungskreisen verwandtschaftliche Beziehungen pflegte, unterstützt, nach Petersburg und Moskau, um sich dort für den Gefangenen einzusetzen. Doch für Holzmann, »der auszog, für die Befreiung gepeinigter Menschen zu kämpfen«, wie die Dichterin es formulierte, kam jede Hilfe zu spät. Er starb im April 1914 in Moskau und wurde am 11. Mai auf dem jüdischen Friedhof in Berlin-Weißensee beerdigt.

Zurück ins Jahr 1909: Im Dezember liest Else Lasker-Schüler in Berlin vor zahlreichen Studenten, »und es war wie ein Chor, es war geradezu feierlich, 8 Kerzen brannten im Raum«, schreibt sie einen Tag nach der Veranstaltung, am 15. Dezember, dem englischen Germanisten Jethro Bithell. Ihm, der in einer in New York herausgekommenen Anthologie moderner deutscher Lyrik neben Dauthendey, Dehmel, Hille, Hofmannsthal, Liliencron, Rilke, Schaukal, Wedekind und Stefan Zweig auch Gedichte von ihr in englischer Übersetzung veröffentlicht, gestand sie schon in einem Brief vom 19. August: »Ich bin fremd überall.«

Ein Blitzlicht, das auch die wirtschaftliche Misere und familiären Verhältnisse der Waldens erhellt, sind die Erinnerungen von Tilla Durieux. Die berühmte Wiener Schauspielerin, die in Berlin unter Max Reinhardt ihre Triumphe feierte, schrieb: »Dieses Ehepaar mit seinem unglaublich verzogenen Sohn, konnte man nun von mittags bis spät nachts im ›Café des Westens‹ unter all den wilden Kunstjüngern antreffen ... Die kleine Familie nährte sich, wie ich vermute, nur von Kaffee, den ihnen der bucklige Oberkellner ... mitleidig stundete ... Ging es dem Ehepaar gar zu schlecht, unternahm es ›Raubzüge‹, wie sie es selbst nannten, und besuchten ihre Lesergemeinde ... Alle beteiligten sich dann an der Finanzierung des Ehepaares.«

Der von der Dichterin über alles geliebte Sohn Paul wurde ab Dezember 1909 in das von der Berliner Pädagogin Frieda Winkelmann geleitete Landerziehungsheim Schloß Drebkau geschickt.

Else Lasker-Schüler, zuweilen nachgerade manisch-depressiv, zeigt sich am 8. Februar 1910 Karl Kraus gegenüber in stolzem Sendungsbewußtsein: »... ich bin doch eigentlich ein Mensch, der lauter Paläste hat. Ich kann eingehen in mein Dichttum, wie groß ist mein Dichttum, tausend Morgen und Nächte groß – ich kann es nicht verlieren und gerade, daß man nur mit Blut zahlen kann seine Steuer, das ist Besitz.« Keine drei Wochen später, am 27. Februar, erfährt derselbe Adressat: »Ich bin nun ganz allein ... ich steh am Leidewege ... Nun wird es immer Nacht, auch bei Tage.«

Anlaß zur Freude wiederum gibt ihr am 8. Dezember 1910 die Veröffentlichung ihres Gedichts »Ein alter Tibetteppich« im »Sturm«:

>»Deine Seele, die die meine liebet
Ist verwirkt mit ihr im Teppichtibet.

Strahl in Strahl, verliebte Farben,
Sterne, die sich himmellang umwarben.

Unsere Füsse ruhen auf der Kostbarkeit
Maschentausendabertausendweit.

Süsser Lamasohn auf Moschuspflanzenthron
Wie lange küsst dein Mund den meinen wohl
Und Wang die Wange buntgeknüpfte Zeiten schon.«

Karl Kraus druckt diese Verse mit ihren Wortkombinationsspielen und ihrer Vokalmusik sogleich nach. »›Tibetteppich‹ ist fabelhaft«, schreibt er am 14. Dezember: »... Das Gedicht gehört für mich zu den entzükkendsten und ergreifendsten, die ich je gelesen habe, und wenige von Goethe abwärts gibt es, in denen so wie in diesem Tibetteppich Sinn und Klang, Wort und Bild, Sprache und Seele verwoben sind.«

Ein Vierteljahr später, am 13. März 1911, berichtet die Dichterin Karl Kraus von der Förderung ihrer Kunst durch den Baron von Reibnitz und dessen Frau: »Sie tun furchtbar viel literarisch für mich. Ich spreche am 16. März im Hôtel Esplanade auf ihrer Gesellschaft meine arabischen Dichtungen im Costume auf einer arabisch ausgeschlagenen Bühne vor 160 Personen Hofgesellschaft, große Reclame für mich.« Von Walden erfährt Kraus darauf: »Meine Frau hatte auf der Gesellschaft des Barons riesigen Erfolg.«

Man muß die Erinnerungen von Teilnehmern solcher Auftritte lesen, um sich die Wirkung von Else Lasker-Schülers Dichtung auf das Publikum in Verbindung mit ihrem Auftreten und der Stärke ihrer Ausstrahlung vorstellen zu können. Fast immer ist von ihrer orientalischen Schönheit, der Extravaganz ihrer Kleidung, ihren glühenden Augen, dem nachgerade dämonischen Blick und dem faszinierenden Tonfall ihrer Stimme, der von schwebender Monotonie in plötzliche Verzückungsrufe ausbrechen konnte, die Rede, und immer wieder von ihrer dunklen Sinnlichkeit und der schlangenhaften Geschmeidigkeit ihrer figürlichen Erscheinung. »Plötzlich wurde es dunkel und Frau Lasker-Schüler trat vor die Bühne. Sie hatte ein blaues Seidengewand an. Weite Hosen, silberne Schuhe, eine Art weite Jacke, die Haare wie Seide, tiefschwarz, wild zuweilen, dann wieder sinnlich sanft«, notierte der achtzehnjährige Wieland Herzfelde im März 1914 nach einer Dichterlesung in Frankfurt. »Jussuf war so ganz Weib«, fuhr er fort, »sie war so schön, voller Sinnlichkeit, ich hätte das gar nicht gedacht, da sie schon 38 Jahre alt war.« Der Tagebuchschreiber konnte von der Datenschwindelei weiblicher Eitelkeit nichts wissen; die Dichterin war sogar noch sieben Jahre älter.

Im April-Mai 1911 hält sie sich in München auf. Sie logiert in der anspruchslosen Pension »Modern« in der Theresienstraße und verkehrt im nahe gelegenen »Simplicissimus«, der legendären Schwabinger Künstlerkneipe der Kati Kobus in der Türkenstraße, wo ein Karl Valentin seine ersten Auftritte absolvierte und zu den Stammgästen Dichter wie Otto Julius Bierbaum, Joachim Ringelnatz, Ludwig Thoma und Frank Wedekind gehörten sowie der Simplicissimus-Zeichner Th.Th. Heine, von dem das Wahrzeichen des berüchtigten roten Hundes sowohl für das Blatt wie für das Lokal stammte. Umgang pflegte Else Lasker-Schüler damals auch mit

Erich Mühsam, dem Verfasser expressionistisch-anarchistischer Gedichte und späterem Mitglied des Zentralrats der Bayerischen Räterepublik, der 1934 in Oranienburg ermordet wurde, wie mit der Berliner Frauenrechtlerin Eliza Ichenhaeuser und Emmy Hennings, der künftigen Frau von Hugo Ball, einem der Väter des Dadaismus und Freund Hermann Hesses, dessen erster Biograph er war. Solche Kontakte waren keineswegs nur auf übereinstimmende Harmonie gegründet. Das Überschäumen der Temperamente gehört mit zur literarischen Fruchtbarkeit dieser Ära und ihrem Zeitkolorit. So nannte zum Beispiel Mühsam die Lasker-Schüler in bezug auf Emmy Hennings gar eine »eifersüchtige Megäre, die komplett wahnsinnig ist«, hatte sie doch die Schauspielerin und Schriftstellerin als »kleines geiles Nähmädchen« bezeichnet, was wiederum nicht allzu sehr verwundern darf, da Mühsam selbst die Hennings als »das kleine Hurenweib«, das »auch nicht die Zarteste« sei, titulierte.

Else Lasker-Schüler jedenfalls konnte damals einige beglückende Erfolgserlebnisse verzeichnen, zu denen im April 1911 die Veröffentlichung des Gedichtbandes »Meine Wunder« gehört. Dennoch tun sich im Leben dieser Frau aber immer wieder Abgründe des Schmerzes auf. Nicht nur in den dunklen Melodien ihrer Dichtung, sondern auch in Bildern makabrer Träume wird das offenbar. In den Briefen nach Norwegen schreibt sie ihrem Mann: »Lieber Herwarth … Ach, ich habe diese Nacht so sonderbar geträumt! Ich lag auf einer Bahre mitten auf dem Platz. Ich lag gehüllt in einem weiten, stillen Tuch, wie in einem Meer – und war tot. Manchmal tratest Du zu mir, Herwarth, und hobst das Meer von meinem Angesicht und wiesest auf meine Stirn. Und es verhöhnten sie so viele Menschen, wie ich Tage gelebt hatte.«

In den gleichen Briefen finden sich auch Sätze wie diese:

»Was ist das Leben doch für ein eitler Wettbewerb gegen das Aufschweben zur Ewigkeit. Ich bin erregt, ich hatte schon einige Male heute das Gefühl, ich muß sterben ... Ich habe alles abgegeben der Zeit, wie ein voreiliger Asket, nun nimmt der Wind noch meine letzten herbstgefärbten Worte mit sich. Bald bin ich ganz leer, ganz weiß, Schnee, der in Asien fiel. So hat nie die Erde gefroren wie ich friere; woran kann ich noch sterben! ... O, du Welt, du Irrgarten, ich mag nicht mehr deinen Duft, er nährt falsche Träume groß.«

Else Lasker-Schüler litt damals unter der Abwendung ihres Mannes, der sie zwar weiterhin kameradschaftlich fördert, ihr innerlich aber immer ferner rückt. Nicht sie verläßt diesmal den Partner, bei dem sie in ihrem Getriebensein Halt sucht, wenngleich sie ihm während ihres Alleinseins freimütig neue Verliebtheiten eingesteht, sondern sie wird von ihm verlassen. Walden lernte auf seiner Skandinavienreise, die er von Ende August bis Anfang September 1911 mit dem Rechtsanwalt Kurt Neimann, einem Schulfreund, unternahm, der später in Auschwitz verscholl, die Schwedin Nell Roslund kennen, eine große, blonde Frau, jünger als er, offenbar ein genaues Gegenbild der Ehefrau. »Lockenundame« wird die Rivalin von der Dichterin genannt. Als im Herbst 1912 »Die Briefe nach Norwegen« im Berliner Verlag F.S. Bachmair in Buchform als »Mein Herz« erscheinen, geschieht dies bereits im Schatten der Scheidung von Herwarth Walden. Sie wird am 1. November 1912 vollzogen.

Erika Klüsener zeigt in ihrer Biographie, wie in Else Lasker-Schülers Dichtungen aus dieser Zeit das Scheitern der zweiten Ehe im »Bild des enttäuschten Kindes« umschrieben wird und sich in Schilderungen der eigenen Person »die Motive des Kleinseins und der Schutzbedürftigkeit, die die seelische Verfassung der enttäuschten Frau reflektieren«, häufen. So heißt es in »Mein

Herz«, daß »... ich nicht alleine die Dichterin und die Tino von Bagdad bin, nicht nur der Prinz von Theben ... sondern ich auch ein ganz kleines Mädchen sein kann, das zum ersten Mal von einem Herrn zu Kempinski zum Abendbrot mitgenommen wird.« Als eine Art Vorahnung des Eheschiffbruchs empfand Else Lasker-Schüler rückblickend ihren ersten Besuch im Elternhaus des offensichtlich verhätschelten Herwarth: »Ich saß neben seiner Schwester; mein Verlobter saß neben seiner Mama, und oben am Tischanfang trank sein Papa den Nachmittagskaffee, und auf einmal sah ich, daß die fremde Mama meinem Verlobten ein großes Stück Kuchen auf den Teller legte, ein Stück Torte mit einer Frucht darauf; ich bekam ein schmales Stück Torte ohne eine rote Kirsche; da war ich plötzlich ganz klein wie zu Haus und weinte.« Der Text ist dem Essay »Lasker-Schüler contra B. und Genossen« aus dem Band »Gesichte« entnommen. Er hat einen Prozeß zum Thema, den die Dichterin auf Anraten Waldens gegen die »Rheinisch-Westfälische Zeitung« führte, weil diese ihr Gedicht »Leise sagen« am 6. Juni 1910 ohne Autorengenehmigung abgedruckt und mit dem Kommentar »Vollständige Gehirnerweichung, hören wir den Leser – leise sagen«, versehen hatte. Mit demselben beleidigenden Kommentar druckte auch eine Hamburger Zeitung das Gedicht nach. Das Verfahren erstreckte sich auf zwei Prozesse, einen in Hamburg, einen in Berlin, und zeigt das Banausentum von Richtern, die moderner Lyrik gegenüber selbst »mittels angestrengten Nachdenkens«, wie sie kundtaten, nur zu einer »absoluten Verständnislosigkeit« gelangten und dem Gedicht »auffallenden Mangel an vernünftigem Sinn« bescheinigten, weshalb sie es in die juristische Schublade der »unfreiwilligen Komik« einreihten. Walden äußerte sich über die Richter: »Ich habe nichts dagegen, daß die Herren Kunst komisch finden. Ich werde sie aber daran hindern, ihren Geist an

Kunst aufzugeilen. Ich werde mich in ihre Verstandes-
region hinunterbegeben und ihnen beweisen, daß Impo-
tenz keine Gesundheit ist.« Schließlich wurde der Dichterin wenigstens das Abdruckhonorar von 20 Mark zu-
gestanden. Das 18zeilige Gedicht »Leise sagen«, das eine
Liebe beklagt, deren Intensität die Liebende selbst zerstört, endet mit den Versen:

> »Mein Herz geht langsam unter
> Ich weiß nicht wo –
> Vielleicht in deiner Hand.
> Überall greift sie an mein Gewebe.«

Im Bild vom »Gewebe« wird das ineinander Verwirkt-
sein liebender Seelen aus dem »Tibetteppich« wiederholt – eine archaische Metapher, denkt man an die uralte
Kunst des Webens, wie sie in Religion und Mythos der
Großen Mutter und vielen der ihr verwandten Göttin-
nen zugeschrieben wird.

Daß derart sensible und in der damaligen Zeit avantgardistische Kunst nicht die Sache von Juristen war, zu deren Tradition die schlagenden Verbindungen gehörten,
weshalb Kurt Tucholsky sie in klarer Vorausschau auf
die Richter von 1940 sagen lassen konnte: »Wir sitzen in
zwanzig Jahren/ mit zerhacktem Angesicht/ in Würde
und Talaren/ über euch zu Gericht«, ist nicht verwun-
derlich. Umso mehr mußte Else Lasker-Schüler sich vom
Avantgardismus moderner Künstler und Dichter ange-
zogen fühlen. Tief beeindruckt war sie von Gottfried
Benns erstem Gedichtband »Morgue«, der im März 1912
in A.R. Meyers »Lyrischen Flugblättern« erschien und
mit expressionistischer Wucht desillusionierend die kli-
nische Wirklichkeit und den Ekel an der Welt thema-
tisierte.

In der Prosaskizze »Doktor Benn« schrieb sie darüber
enthusiastisch: »Er steigt hinunter ins Gewölbe eines
Krankenhauses und schneidet die Toten auf. Ein Nim-

mersatt, sich zu bereichern an Geheimnis ... Lang bevor ich ihn kannte, war ich seine Leserin; sein Gedichtbuch – Morgue – lag auf meiner Decke: Grauenvolle Kunstwunder, Todesträumerei, die Kontur annahm. Leiden reißen ihre Rachen auf und verstummen, Kirchhöfe wandeln in die Krankensäle und pflanzen sich vor die Betten der Schmerzensreichen an ... Jeder seiner Verse ein Leopardenbiß, ein Wildtiersprung.«

Die erste persönliche Begegnung mit dem bewunderten Lyriker und Arzt fand 1912, wahrscheinlich im Café des Westens, statt. Und sogleich verliebt sich die Dreiundvierzigjährige leidenschaftlich in den 17 Jahre jüngeren Autor. Sie schreibt 17 Gedichte an ihn, den sie Giselheer, Nibelunge, Heide, König, Tiger oder Barbar tauft. Eine fast seherische Personenbeschreibung, da sie ja erst Jahrzehnte später, während ihrer Jerusalemer Emigration, fassungslos von dem anfänglichen Gleichklang Benns mit der barbarischen Ideologie des Nationalsozialismus erfuhr. Nun aber schlägt ihr Herz ungeteilt für den jungen Expressionisten. Im Oktober 1912 erscheint in der Zeitschrift »Saturn« das erste Gedicht auf Gottfried Benn, »O, deine Hände«. Darin werden die Hände des neuen Geliebten zu ihren Kindern, alle ihre Spielsachen legt sie in sie und seine Finger sind kleine Reiter, mit denen sie Soldaten spielt. »Wie ich sie liebe/ Deine Bubenhände, die zwei«, enden die acht verliebten Verse. Im August des kommenden Jahres erscheinen die Giselheer-Gedichte in mehreren Zeitschriften. »Palmenlied« ist eines davon überschrieben, das wie ein fernes Echo von König Salomons »Hohem Lied« zu uns herüberklingt:

> »O du Süßgeliebter,
> Dein Angesicht ist mein Palmengarten,
> Deine Augen sind schimmernde Nile
> Lässig um meinen Tanz.«

»Dem Barbaren« sind Verse gewidmet, in denen schon der Schmerz zurückgewiesener Liebe anklingt und auch an Eifersucht fehlt es nicht, so in dem Gedicht »Höre« mit der Widmung »Letztes Lied an Giselheer«:

»Ich raube in den Nächten
Die Rosen deines Mundes,
Daß keine Weibin Trinken findet ...
Ich bin dein Wegrand,
Die dich streift
Stürzt ab ...
Fühlst du mein Lebtum
Überall
Wie ferner Saum?«

Im Juni 1913, als bei A.R. Meyer in Berlin bereits ihre »Hebräischen Balladen« und im Leipziger Verlag von Kurt Wolff der Essayband »Gesichte« herausgekommen waren, verwendet sie sich bei Wolff für Benn: »Sonst bin ich immer mißtrauisch dieser Art Arzt gegenüber, aber diese Gedichte hat ein wirklicher Tiger gedichtet.« Nochmals im selben Monat an den Verleger: »Hör mal König. Ich habe einen Essay über Dr. Benn geschrieben ... Er ist ebenso herb wie derb, ebenso zart wie weich. König, Ihr dürft nicht zögern«, diesen Benn ins Verlagsprogramm mitaufzunehmen. Der Essay erscheint dann, zusammen mit ihrer Porträt-Federzeichnung in Pfemferts »Aktion«.
Ganz ungeniert wird die Liebesgeschichte zwischen Else Lasker-Schüler und Gottfried Benn vor der Leserschaft ausgebreitet.
Ebenfalls in der »Aktion« waren Benns Verse an die Dichterfreundin zu lesen: »Meine Liebe weiß nur wenige Worte:/ Es ist so schön an deinem Blut. –« Er schreibt aber auch: »Du machst mir die Liebe blutigelhaft:/ Ich will von dir. –«
Offensichtlich fühlte »Giselheer« sich zu sehr von der

Freundin vereinnahmt, deren widersprüchliches Wesen er sowohl als »schweifende Hyäne« wie als liebevolle »Ruth« des Alten Testaments begreift. Im September 1913 kommt es zu einem enttäuschenden Zusammentreffen der beiden in Hiddensee, mit dem das schmerzhafte Ende eines Liebestraums der Dichterin besiegelt wird. Als im Oktober bei A.R. Meyer in Berlin Benns »Neue Gedichte« mit dem Titel »Söhne« erscheinen, tragen sie, unter Verwendung eines Zitates aus »Mein Herz«, die Widmung: »Ich grüße Else Lasker-Schüler: Ziellose Hand aus Spiel und Blut.« Eines der Gedichte darin heißt: »Hier ist kein Trost«. Darin sagt Benn sich mit männlicher Härte von der engeren Bindung an Else Lasker-Schüler los. Er antwortet auf ihre Verse über seine geliebten Hände und seinen Wegrand, als den sie sich sieht: »Keiner wird mein Wegrand sein./ Laß deine Blüten nur verblühen./ Mein Weg flutet und geht allein./ Zwei Hände sind eine zu kleine Schale./ Ein Herz ist ein zu kleiner Hügel,/ um dran zu ruhn.«

Trotzdem ist die Angesprochene über Benns Widmung beglückt. An Franz Marc, dem sie im Dezember 1912 zusammen mit seiner Frau Maria erstmals im Berliner Café Josty am Potsdamer Platz begegnet war, nachdem er ihr als Postkartenbild bereits sein »blaues Pferd« präsentiert und im August ihr Gedicht »Versöhnung« als Holzschnitt illustriert hatte, schrieb sie am 18. Oktober 1913: »Der Cyklop Dr. Benn hat mir seine neuen Verse: Söhne, gewidmet, die sind mondrot, erdhart, wilder Dämmer, Gehämmer im Blut.«

Auch Benn blieb der Dichterin weiterhin mit Bewunderung zugetan. Noch in seiner 1952 im Westberliner British Center gehaltenen »Rede auf Else Lasker-Schüler« bekannte er: »Dieses Lebtum am fernen Saum habe ich immer gefühlt, alle Jahre, bei aller Verschiedenheit der Lebenswege und Lebensirrungen.«

Die Farbe Blau

Bei den zahlreichen Lieben und Verliebtheiten Else Lasker-Schülers sollten wir uns an die bereits zitierten Stellen aus »Mein Herz« und den »Konzert«-Beitrag »Paradiese« erinnern. Schon daraus wird deutlich: Liebe zu einzelnen Menschen und alle in sie investierten Gefühle transzendieren bei der Dichterin ins Mythisch-Überirdische. Im Sinne Marcel Prousts könnten sie als »ein Teil der universalen Liebe« verstanden werden, wobei selbst ihren Leiden »ein Element des Genusses« innewohnt, wie es in seinem 1913 bis 1927 entstandenen Romanwerk »Auf der Suche nach der verlorenen Zeit« gesagt wird. Immer ist Religiöses mit im Spiel, wenn es um Liebe geht. So trägt etwa eines der Benn-Giselheer-Gedichte den Titel »O Gott«, und endet mit den Versen:

> »Früher war eine große Frömmigkeit am Himmel,
> Gaben sich die Sterne die Bibel zu lesen.
> Könnte ich einmal Gottes Hand fassen
> Oder den Mond an seinem Finger sehn.
>
> O Gott, o Gott, wie weit bin ich von dir!«

Auch das Gedicht »O ich möchte aus der Welt«, in dem Liebesleid mit Schmerz über die Gottferne unserer Zeit zusammenfließen, gehört zum Benn-Zyklus. Die Dichterin erlebt sich darin als eine Irrende, »ein Flackerlicht/ Um Gottes Grab.«
Diese Gedichte sind Zeugnisse einer Epoche politisch-utopischer Heilserwartung und mystisch-mythischer Gottsuche, die sich nicht nur auf die deutsche Literatur erstreckt, wo Rilke sie schon 1899 bis 1903 mit dem »Stundenbuch« einläutete, in dem er zur Errichtung Gottes »mit zitternden Händen ... Atom auf Atom« türm-

te. »Gottsucher« und »Gotterbauer« gab es seit etwa 1905 auch unter den russischen Marxisten, zu denen der Schriftsteller und Politiker Anatoli Lunatscharski und der Dichter Maxim Gorki zählten. Und es gehört mit zum Spannungsreichtum dieser Epoche, daß zur selben Zeit, in der Else Lasker-Schüler in den »Hebräischen Balladen« die alttestamentarischen Figuren Abraham und Isaak, Pharao und Joseph, Jakob und Esau, Ruth, Sulamith und andere beschwört und die Dichterin wegen Johannes Holzmann Rußland besucht, Lenin im November 1913 an Gorki schreibt: »Das ›Gottsuchen‹ unterscheidet sich von dem ›Bauen eines Gottes‹ oder von dem ›Erschaffen eines Gottes‹ oder von dem ›Schaffen eines Gottes‹ nicht mehr als sich ein gelber Teufel von einem blauen Teufel unterscheidet.«

Diesen rigiden Atheismus mit seiner Verdammung auch jeglicher religiösen Diesseitsmystik, die schon 1909 in einem Beschluß des bolschewistischen Zentrums als Schwarmgeisterei verurteilt wurde, »die mit den Grundlagen des Marxismus bricht«, nahm Else Lasker-Schüler nicht wahr. Ihr Sinn blieb auf jenen »Fetzen Paradies« gerichtet, den sie auch in einer entgötterten Welt noch zu erkennen glaubte. Sie »ist heute die seltsamste Dichterin, die immer auf einem Stern sitzt und von dort aus die Erdenfarben malt«, schrieb im Oktober 1913 die »Deutsche Montagszeitung«. Ihren Sternenthron aber bereitete sie sich selbst, indem sie den kühnen Bogen ihrer Traumwelt über die Misere des Daseins schwang und sich in den Adelsstand des Märchens versetzte. »In der Nacht meiner tiefsten Not erhob ich mich zum Prinzen von Theben« sagte sie in »Ich räume auf!« Zu dieser Not gehörte, seit der Scheidung von Walden in verstärktem Maße, auch die ganz banale Sorge um den Lebensunterhalt für sich und ihren Sohn. Für die »mit schweren Sorgen kämpfende Dichterin« veröffentlichte Karl Kraus Anfang 1913 in der »Fackel« einen Spendenauf-

ruf, den neben Kraus unter anderen Richard Dehmel, Selma Lagerlöf, Adolf Loos und Arnold Schönberg unterzeichneten. In München fand am 17. Februar in den Räumen des Neuen Kunstsalons in der Königinstraße 44 eine von Franz Marc initiierte Wohltätigkeitsauktion statt, an der sich zahlreiche Künstler wie Heinrich Campendonck, Erich Heckel, Alexander von Jawlenski, Ernst Ludwig Kirchner, Paul Klee, Oskar Kokoschka, Alfred Kubin, August Macke, Otto Mueller, Emil Nolde, Karl Schmidt-Rottluff, Richard Seewald und Marianne von Werefkin beteiligten. Die Hilfsaktionen erbrachten bis Ende des Jahres fast 5000 Mark. Doch auch an nationalistischer und verdeckt antisemitischer Kritik, die schon den Bazillus jenes Kulturbanausentums in sich trug, das später die Ideologie der »Entarteten Kunst« ausbrütete, fehlte es nicht. Am 26. Januar 1913 stand in der »Krefelder Zeitung« über Karl Kraus' Initiative: »In der Dunstsphäre unzulänglicher Epigonenkunst geht augenblicklich ein Aufruf für Else Lasker-Schüler um ... Diese Frau schreibt für einen ganz kleinen Kreis von Menschen, die meistens lange Haare tragen und selber dichten ... Wenn sie nicht imstande ist, den Erfordernissen des Tages und der Zeit gerecht zu werden und einem gesunden Volk gesunde geistige Kost zu bieten mag, dann soll sie das Schreiben doch aufgeben und in irgendeinem anderen Beruf arbeiten!«
Als diese Zeilen erschienen, befand Else Lasker-Schüler sich in besonders schlechter Verfassung. Maria Marc hatte darüber am 21. Januar 1913 Elisabeth Macke informiert: »Sie ist jetzt sehr leidend. Infolge der Scheidungsaffaire, die nicht so glatt ging, wie Walden es hinstellte, in Geldnot – haben ihre Nerven einen Schock gekriegt, und wir haben sie mit uns nach Sindelsdorf genommen, damit sie sich erholen sollte. Sie hielt aber die Einsamkeit und die Stille in der Natur nicht aus ...« Von den Marcs nach München gebracht, wohnt sie wieder in

der Pension »Modern«. Ihre Gedanken sind bei ihrem dreizehnjährigen Päulchen, der nun in Oberhambach an der Bergstraße die Odenwaldschule besucht, die sie in einer Skizze lobend beschreibt. Im März 1913 veröffentlicht der sozialkritische Expressionist, Lyriker, Erzähler und Dramatiker Paul Zech, der schon seit längerem für sie eintritt, in der süddeutschen Wochenschrift »März« eine Besprechung von »Mein Herz«, in der es heißt: »Else Lasker-Schüler, diese Tänzerin durch kosmische Gefühlsverstellungen, steht einsamer denn alle im Bann des Gegenwartslebens ... Sie zerschlägt alle Formen der Tradition und schafft in höchster Ergriffenheit ein Neues in Sprache, Gliederung und Aufbau ... nie hat Wortkunst solche Triumphe gefeiert ...«

Im gleichen Monat trifft sie mit ihrem Sohn in Hagen zusammen, liest dort im Folkwang-Museum, um gleich wieder fort nach Köln zu einer weiteren Lesung zu eilen. Bei allen Krisen, die sie durchlebt, verliert sie nie den Glauben an ihre dichterische Mission. Nur kurz in Berlin, reist sie nach Prag, wo sie am 5. April aus ihren Werken vorträgt. Ihr Gesicht, schreibt Marie Holzer in der »Aktion«, könnte »einer russischen Nihilistin« gehören oder auch »einem Propheten«, und sie berichtet: »Atemlos horchen alle. Wie unter einem Bann. Die Augen ihrer jungen Freunde- und Bewundererschar brennen ihr entgegen. Demut und Verehrung liegt in ihnen.« Zuvor hatte Else Lasker-Schüler bei einem Zwischenaufenthalt in München Franz und Maria Marc wiedergesehen. Überhaupt ist München ein häufig angesteuertes Ziel. Ende Juli besucht sie die Stadt des »Simplicissimus« nochmals, um Paul in einer Privatschule unterzubringen, der dann aber ins Schulheim Hellerau bei Dresden kommt. Auch in die beiden nächsten Jahre fallen München-Aufenthalte, während die Berliner Wohnsitze ständig von einer kleinen Pension zur anderen wechseln. Im billigen Hotel »Koschel« in der Motzstraße kostet das

Dachzimmer mit Heizung und Warmwasser nur 5,50 Mark, was die vagantische Unruhe der Dichterin jedoch nicht mildert.

Von ihrem Päulchen erhält sie Postkarten mit Karikaturen seiner Lehrer und Nachbarn, aus denen eine über sein Alter hinaus weisende zeichnerische Begabung spricht, die auch Franz Marc feststellte, weshalb er der stolzen Mutter versprach, ihn später zu unterrichten.

Die enge freundschaftliche Beziehung zum »Maler des Blauen Reiter« fand im »Malik« ihren Niederschlag. »Mein lieber, lieber, lieber, lieber blauer Reiter Franz Marc«, beginnt diese Kaisergeschichte, in welcher der blaue Reiter, an den alle Briefe gerichtet sind, auch als »Ruben« angesprochen wird, als »sehr geliebter Halbbruder« und »herzlieber Bruder«. Im »Fünfunddreißigsten Brief« heißt es: »Deine braunen Augen und Deine Hand greift nach dem ersten Morgenstreif des Himmels, sich einen Hirtenstock zu schnitzen. Du Großhirte unter den Fürsten, Du Emir, Du Messias aller Tiere der bräutlichen Haine, der finsteren Urwälder. Du blauer Rosselenker, Du goldbrauner Schakal, der sich die Gazell holt vom Fels ... Du bist Ruben, der noch unberührte Mensch der Bibel. Dein Bruder Jussuf.«

Schon als Marc Else Lasker-Schülers »Versöhnung« ins Bild umzusetzen versucht hatte, fühlte die Dichterin einen Gleichklang mit dem Maler, dem sie am 9. November 1912 einen Blick in ihr Inneres gewährte: »... warum haben Sie die Versöhnung gezeichnet – sind Sie auch so schmerzlich verloren wie ich, daß ich keinen Weg mehr habe, nur Schluchten?«

Das Gedicht »Versöhnung« war einer der Versuche, über die Schluchten hinweg zu einer Sternenwelt der Liebe zu gelangen.

»Es wird ein großer Stern in meinen Schoß fallen .../ Wir wollen wachen die Nacht«, sind die ersten Verse, und die letzten lauten refrainartig: »Wir wollen uns versöhnen die Nacht,/ Wenn wir uns herzen, sterben wir nicht./ Es wird ein großer Stern in meinen Schoß fallen.«

Auch Franz Marc spürte eine geistige Verwandtschaft zur Dichterin. Sein Holzschnitt trägt alle Zeichen ihrer poetischen Welt: Mond und Sterne, kosmische Strahlung, Eingebettetsein von Mensch, Tier und Pflanzenwelt in paradiesische Ganzheit. Zu Neujahr 1912/13 sendet er ihr den farbigen Entwurf jenes Gemäldes als Postkarte, das sein berühmtestes werden sollte: »Der Turm der blauen Pferde«. Und er schreibt ihr: »Lieber Jussuf … Wie schön sind Deine Briefe!! Wunderschön!« Auf eine seiner Bilderkarten notiert er für sie: »Das ist das Spielpferd des Königs Abigail aus seiner Kindheit.«

Den Maler und die Dichterin verband eine Skala ähnlicher Gefühle, so die Vorliebe für die Farbe Blau, in der sie das Geistige, das Licht des Himmels, die Sehnsucht nach Harmonie, Schwerelosigkeit und Liebe sahen. Hinzu kommt beider Liebe zu den Tieren, die an den Heiligen von Assisi gemahnt, weshalb Franz Marc von Carl Zuckmayer auch einmal »der Sankt Franziskus der neuen Kunst« genannt wurde. Über die »wunderherrlichen Postkarten«, die Else Lasker-Schüler von Franz Marc empfing, schrieb sie ihm: »Großkatzen sind die souveränen Bestien. Der Panther ist eine wilde Enziane, der Löwe ein gefährlicher Rittersporn, Tigerin eine wütende, gelbschimmernde Ahornin. Aber Deine glückseligen blauen Pferde sind lauter wiehernde Erzengel und galoppieren alle ins Paradies hinein, und Deine heiligen, geheiligten Lamas und Hirschkühe und Kälber – sie ruhen in geweihten Hainen …«

In ihrer Dankbarkeit für hilfsbereite Freundschaft vergaß sie auch Maria, die Frau des blauen Reiters, nicht. Neben dem »blauen Theben« und der »Großstadt Irsahab« des Prinzen Abigail Jussuf benannte sie im »Malik« dessen zweite Traumstadt »nach Rubens Weibe Mareia«.

Noch 1954, vier Jahrzehnte nach dem kurzen Gastspiel der Dichterin in der ländlichen Idylle des oberbayerischen Sindelsdorf erinnerte sich Maria Marc an deren Aufenthalt in der engen Münchner Pension: »Als wir sie dort besuchten, fanden wir sie in ihrem Zimmer an einem Tisch voller Zinnsoldaten, mit denen sie heftige Kämpfe ausfocht, – an Stelle der Kämpfe, die ihr Leben ihr beständig brachte. Sie, die nicht fertig wurde mit dem Leben, fast ständig in Kämpfen lebend mit Menschen, die ihr Dasein verbitterten und kein Verständnis für das Eigenartige, Phantastische ihres Wesens und ihrer dichterischen Begabung hatten. Es war nicht leicht, ihr Liebe entgegenzubringen, die sie erwartete und oftmals verkannte. Aber Franz Marc und ich waren bemüht, ihr immer Liebe und Verehrung darzubringen.«

Dem »blauen Reiter« fiel das nicht schwer. Wenn er zum Beispiel notierte: »Ach, daß die Menschenleben nicht sind wie unsere Träume«, so klingt darin das gleiche Verlangen an, von dem auch Else Lasker-Schüler ergriffen war. Von ihr könnte der Satz des Malers sein: »Kunst ist ja nichts als der Ausdruck unseres Traumes.« Eines seiner schönsten Bilder, in dem der Dreiunddreißigjährige seine ins Kosmische reichende Bruderschaft zu Pflanze und Tier feierte, sein Gemälde »Der Traum«, gab er auf die Bilderauktion zugunsten der Freundin.

Franz Marc und alle Weggenossen des »Blauen Reiter« erstrebten eine Wiedergeburt der innersten Kräfte der Natur, eine Kunst aus »innerer Notwendigkeit«, die nicht der Oberfläche der Dinge verhaftet bleibt, sondern ihre geistig-seelischen Strukturen aufspürt und zum Klingen bringt. In der damit verbundenen Sensibilisierung des Bewußtseins und der Sprengung althergebrachter Kunstregeln wird der »blaue Reiter« zum Bruder Else Lasker-Schülers. »Die intensive Wendung zum Inneren der Natur«, die Marc und Kandinsky zum wichtigsten Programmpunkt ihrer Vereinigung erklärten, ist das künstlerische Echo auf »die große Umwälzung«, welche die moderne Naturwissenschaft durch ihre revolutionären Entdeckungen hervorrief. Victor Hess war 1912 auf die Existenz der kosmischen Strahlen gestoßen, und Einsteins Relativitätstheorie nahm immer umfassendere Formen an. Das Atom war teilbar geworden und erwies sich als ein Mikrokosmos, nachgerade spiegelbildlich zum Makrokosmos, seiner Unendlichkeit und seinen Rätseln. Kandinsky fragte damals: »Ist alles Materie? Ist alles Geist?« Und Marc, der sich »wie ein Maulwurf« in die neuen Gedanken der exakten Wissenschaften vergraben hatte, schrieb noch als Soldat während des Krieges: »Mein Hauptgedanke ist jetzt: Entwurf zu einer neuen Welt.«

Solche Pläne lagen zwar nicht im Gesichtsfeld von Else Lasker-Schüler, doch registrierte sie gleich einem Seismographen die Erschütterungen der Welt. Je stärker sie im gesellschaftlich-politischen Bereich die Dämonen der Zerstörung heraufkommen spürte, desto intensiver versenkte sie sich in die Innenwelt ihrer Träume. So lebte sie auch während des Krieges, der ihr im Grunde genommen unbegreiflich blieb, in den Palästen ihrer Wunschbilder und Phantasien. Nachdem Franz Marc am 6. August 1914 zum königlich-bayerischen Feldartillerie-Regiment in München eingerückt war, gedachte sie seiner weiterhin im poetischen Gewand ihres »Malik«: »Den Kaiser verlangte es nur nach Ruben, seinem treuen Halbbruder, der aber war in seiner Abwesenheit in die Schlacht gezogen, mit den Ariern gegen die Romanen und Slawen und Britten. Daß er Ihm, dem kaiserlichen Bruder, das antun konnte! Jussuf nahm in seinem kaiserlichen Egoismus das Rüsten seines Bruders fast persönlich gegen Ihn gerichtet auf; darüber vermochte der verlassene Malik sich nicht zu trösten.« Auch davon wird berichtet, daß Malik »sich in den Nächten um das Leben Seines treuen blauen Reiters bangte.«

Immer einsamer wurde es um die Dichterin während des Krieges. Einer ihrer Freunde, Franz Jung, erinnert sich: »Ich traf sie meist im Café des Westens. Sie saß dort viel allein, wie von allen verlassen. Sie war dankbar für jedes freundliche Wort. Else Lasker-Schüler hatte jeden Kontakt zur Umwelt und den Vorgängen draußen in der Welt verloren. Der Krieg muß für sie etwas Unvorstellbares und auch völlig Unverständliches gewesen sein.« Während Jussuf sich um ihren Halbbruder sorgt, dem sie noch zur ersten Kriegsweihnacht ein kleines Tannenbäumchen ins Feld geschickt hatte, notiert dieser als Leutnant an der französischen Front: »Der wahre Geist braucht gar keinen Körper zum Leben. Wie schön, wie einzig tröstlich zu wissen, daß der Geist nicht sterben kann, unter keinen Qualen, durch keine Verleugnungen, in keinen Wüsten. Dies zu wissen, macht das Fortgehen leicht.« Diese Gedanken brachte Franz Marc unmittelbar vor seinem Tod zu Papier, der ihn am 4. März 1916 an einem strahlenden Frühlingsnachmittag während eines Erkundungsrittes an einem Waldrand bei Verdun durch einen Kopfschuß ereilte.

Else Lasker-Schülers Schmerz um den Verlust des Freundes war groß. »Meinem teuren Halbbruder, dem blauen Reiter«, lautet die Widmung zu wohl einem ihrer schönsten Gedichte, »Gebet«, mit der berühmten ersten Strophe:

> »Ich suche allerlanden eine Stadt,
> Die einen Engel vor der Pforte hat.
> Ich trage seinen großen Flügel
> Gebrochen schwer am Schulterblatt
> Und in der Stirne seinen Stern als Siegel.«

In einem Nachruf in lyrischer Prosa schrieb sie: »Der blaue Reiter ist gefallen, ein Großbiblischer, an dem der Duft Edens hing. Über die Landschaft warf er einen blauen Schatten. Er war der, welcher die Tiere noch re-

den hörte; und er verklärte ihre unverstandenen Seelen ...
Er ist gefallen. Seinen Riesenkörper tragen große Engel
zu Gott, der hält seine blaue Seele, eine leuchtende Fah-
ne, in seiner Hand.« Ein weiteres Gedicht über den blau-
en Reiter, der »sein Kriegspferd« bestieg, um ins Feld zu
ziehen, schließt sich an.

Noch im Todesjahr von Franz Marc hatte Herwarth
Walden eine Wander-Gedächtnisausstellung organisiert,
zu deren Exponaten auch das große Bild »Tierschicksale« aus dem Jahr 1913 gehören sollte, das jedoch durch
einen Brand bei der Speditionsfirma teilweise zerstört
wurde. Das Gemälde zeigt, wie ein kosmisches Verhäng-
nis über die Welt der Tiere hereinbricht, deren Todes-
kampf zum Sinnbild der gequälten Kreatur wird.

Die Bestürzung über den vermeintlichen Totalverlust
des Gemäldes, das später von Paul Klee mit großer Ein-
fühlung rekonstruiert werden konnte, war so heftig, daß
sie geradezu eine Sakralisierung des Malers durch seine
Freunde und Bewunderer hervorrief. Mit der Zerstörung
seines apokalyptischen Bildes, so die poetische Botschaft
Else Lasker-Schülers, zog sich Franz Marcs Gottheit,
von der Unachtsamkeit der Menschen seinem Werk gegenüber tief gekränkt, aus der Welt zurück:

»Nun sind unsere Herzen Waisenengel.
Seine tiefgekränkte Gottheit
Ist erloschen in dem Bilde Tierschicksale.«

Der Tod von Franz Marc war nicht der einzige Verlust,
den Else Lasker-Schüler während des Ersten Weltkrie-
ges zu tragen hatte. Im gleichen Jahr wie der »blaue Reiter«, am 5. Juni 1916, fiel auch noch Peter Baum, der
Dichterfreund aus Elberfeld, den sie gelegentlich mit
kumpelhaften Briefen in Wuppertaler Platt bedachte.
Schmerzhaft war auch der Tod von Georg Trakl, schon
1914, Anfang November. Der österreichische Lyriker,
der sie verehrte, hatte sie im März 1914 in Berlin per-

sönlich kennengelernt und ihr am 1. Mai sein Gedicht »Abendland« gewidmet. Drei Wochen nach Kriegsausbruch, am 24. August 1914, war Trakl bereits mit einem Militärtransport nach Galizien unterwegs. Am 15. Oktober schrieb er, zusammen mit seinem Freund Ludwig von Ficker, dem Herausgeber der Innsbrucker Literaturzeitschrift »Der Brenner«, Else Lasker-Schüler eine Karte mit der Bitte, ihn im Krakauer Garnisonshospital zu besuchen. Er war dorthin »zur Beobachtung seines Geisteszustandes« eingeliefert worden, weil er das Grauen der Schlacht bei Gorodok (Grodék) nicht ertragen hatte. Als die Dichterin den erst am 13. November in Berlin eingetroffenen Notruf des Unglücklichen erhält, ist Trakl bereits tot. Er hatte eine Überdosis Kokain genommen, an der er siebenundzwanzigjährig am 3./4. November 1914 starb. An Ludwig von Ficker, ihren lieben, verehrten »Landvogt«, zu dessen Autoren sie ebenfalls gehörte, telegrafierte sie nach Erhalt der Todesnachricht: »Bin trostlos wäre nach Krakau gekommen aber Karte nicht erhalten. Depesche entsetzt mich wo die Beerdigung ich weine.« Und sie schreibt die Abschiedsverse:

»Georg Trakl erlag im Krieg von eigener Hand gefällt
So einsam war es in der Welt. Ich hatt ihn lieb.«

Nicht nur vereinsamt und – trotz mehrerer Vortragsreisen mit pazifistischem Programm in Zusammenarbeit mit Franz Werfel, Theodor Däubler und George Grosz – vom Umweltgeschehen abgewandt, finden wir Else Lasker-Schüler während der ersten Kriegsjahre. Sie ist gleichzeitig wieder bettelarm. Daran ändert auch eine Ausstellung im Hagener Folkwang-Museum nichts, auf der sie im Mai–Juni 1916 mit 74 Titeln ihres zeichnerischen Werkes vertreten ist, und ebensowenig der Band »Gesammelte Gedichte«, der 1917 im Leipziger Verlag der »Weißen Bücher« erscheint. Als George Grosz, der sozialkritische Zeichner und Maler, sie im Sommer 1916 in der Berliner Pension »Bayreuth« besucht, trifft er die Dichterin in Pantoffeln an, deren Löcher mit Papier überklebt sind. »Komme eben vom Prinzen Jussuf ... ich bin nicht ein Mensch der rührselig ist, aber hier muß eingeschritten werden«, schreibt Grosz als Briefentwurf an die Bildhauerin Milly Steger in sein Skizzenbuch. »Vielleicht kennen Sie in Hagen eine wohlhabende Familie, die ein paar Hundert Mark opfern würde. Sie wissen ebenso wie ich, wie stolz Prinz Jussuf ist – am besten ist es natürlich, wenn der Prinz nichts davon erfährt ... wenn Sie das Geld telegrafisch anweisen ...«

Offensichtlich ist daraus nichts geworden. Geblieben aber ist trotz aller Misere der blaue Traum der Dichterin, der in ihrem Innersten nicht abzutöten war. Was sie »Vom Himmel« schon in »Mein Herz« gesagt hatte, verlor für sie nie seine Gültigkeit: »In sich muß man ihn suchen, er blüht am liebsten im Menschen. Und wer ihn gefunden hat, ganz zart noch ein blaues Verwundern, ein seliges Aufblicken, der sollte seine Blüte Himmel pflegen.

Von ihr gehen Wunder aus; unzählige Wunder ergeben Jenseits ... Was wissen die Armen, denen nie ein Blau aufging am Ziel ihres Herzens oder am Weg ihres Traums in der Nacht.«

Im letzten Kriegsjahr verbringt die Dichterin viele Monate in der Schweiz, hauptsächlich in Zürich. Sie hält Lesungen und schreibt an Gottfried Benn, den »liebsüßen Giselheer«, er möge doch kommen, um mit ihr ganz weit fortzufliegen, schließlich gäbe es in der Schweiz »doch auch Lazarette ...« Harry Graf Kessler, der sich als Militärattaché in geheimer Friedensmission in Zürich aufhält, glaubt sie den jungen Adalbert von Maltzahn, ihren »Herzog von Leipzig«, der sie während ihrer Rußlandreise als »Malik« vertreten hatte, empfehlen zu müssen, weil er seiner sympathisch-schönen Augen wegen »den Frieden machen könne.« Der weniger poetische Graf, der Dichterin, »dieser gräßlichen Person« grundsätzlich abhold, notierte in sein Tagebuch: »Die Else Lasker-Schüler, die mit der Schellenkappe ›Jussuf, Prinz von Theben‹ herumläuft und den allgemeinen Frieden stiften will durch einen Jüngling mit schönen Augen, ist in ihrer Winzigkeit und Narrheit doch ein organischer Teil des gewaltigen Ganzen.«

Hinter ihren irrealen Bemühungen aber steht die Verzweiflung an der Grauenhaftigkeit eben jenes »gewaltigen Ganzen«, das Thomas Mann wohl als »die große Konfusion« dieser Zeit bezeichnet hätte. An Adolf von Hatzfeld, den blinden Dichter aus Westfalen, schreibt Else Lasker-Schüler während des Krieges, daß ihr der Mond »ganz blau« leuchtet, »blau wie er nur denen scheint, die die Nacht herbeisehnen wie den Frieden nach all dem Lärm. Ich bin so müde also ich kann gar nicht mehr. Ich bin so entmutigt nirgends ein Ausweg. Unter allen Banditen sitz ich manchmal wo am Strand und niemand merkt, daß ich fern bin, weiß selbst nicht wo … Ich weine oft, ich bin müde, ich bin ohne Strand, ich bin haltlos, verkommen in meinem Herzen – verwirrt, verdorben und lange schon gestorben.«

Auf dem Pfad heimwärts

Im Nachkriegsjahr 1919 erscheinen im Verlag Paul Cassirer in Berlin die ersten vier Bände der 1920 vervollständigten zehnbändigen Werkausgabe, und an Reinhardts Deutschem Theater hat, wie bereits erwähnt, das Schauspiel »Die Wupper« Premiere. Durch die rheinische Fastenrath-Stiftung zur Förderung literarischer Talente erhält die Dichterin eine Ehrengabe von 500 Mark. Am 18. April 1919 veröffentlicht sie als »Prinz von Theben« in der »Frankfurter Zeitung« einen Brief an den Feuilletonchef der »Neuen Zürcher Zeitung«, Dr. Eduard Korrodi, den sie um Vermittlung beim Bundesrat für eine weitere Aufenthaltsbewilligung in der Schweiz bittet. »Die Möven vom Zürichsee schreiben mir so sehnsüchtige Briefe und ich sehne mich nach den weißen Vögeln«, heißt es darin. »Wär ich doch eine Möve! Ich brauchte nicht auf mein Visum warten.« Und sie berichtet von der »unabsehbaren Trübe« im Nachkriegsdeutschland, die in Berlin und Umgebung zu einer epidemisch zunehmenden »Tanzsucht« geführt habe, was »im lahmgelegtesten Land« jedoch nichts anderes sei »als die natürliche Sehnsucht, eigener Bangigkeit zu entkommen.« Doch »nie im Leben« würde sie die Tage der Revolution vergessen, »es waren Römertage! Ein feierlicher Schwur, eine einzige Fackel war Berlin, die aufwärts lohte … Ich glaube, daß sich alle Soldaten der Länder leise berühren«, meint sie, und nur diejenigen seien gehässig, die »nie draußen im Krieg bluteten oder sich nie gegenüber in den Gräben lagen«. Eine ganz andere Frau als die unpolitische, in sich versunkene Märchenkönigin gibt sich in diesem Brief zu erkennen, in dem auch eine weltweite Ausländerpolitik gefordert wird. In Zürich, dessen weltoffene Bahnhofstraße und Cafés sie besonders liebt, nimmt sie mit Entzücken wahr, »wie höflich sich aller Länder Sprachen begegnen, und ich glaube, man erzielt nur tolerante, taktvolle Menschen durch unbehindertes Sichmischenlassen.«

Von solcher Toleranz konnte in der Schweiz jener Jahre allerdings keine Rede sein! Als Else Lasker-Schüler sich 1919 wieder dort aufhält, wird neben dem Schriftsteller Albert Ehrenstein sowie den Schauspielern Alexander Moissi und Elisabeth Bergner am 3. September auch gegen sie eine anonyme Anzeige wegen kommunistischer Umtriebe erstattet. Die Nachrichtensektion des Schweizer Armeestabs weiß durch ihre Schnüffler zu berichten, daß sie Kontakt zu Paul Cassirer hat, der den Verdacht der Eidgenosssen erregt, weil er »unter anderem die Schriften Liebknechts und Luxemburgs verlegt.« Auch in Luzern ist man nicht untätig. Von dort aus wird Else Lasker-Schüler, natürlich wieder anonym, am 4. September wegen ihres Umgangs »mit kommunistischen Kreisen« angezeigt, wobei schon ihre Bekanntschaft mit Schriftstellern wie Leonhard Frank oder Ernst Toller als alarmierend gilt. Wie sehr sie tatsächlich Rosa Luxemburg schätzte, geht noch aus einem Brief vom Januar 1931 hervor. Darin titulierte sie die am 15. Januar 1919 in Berlin ermordete Politikerin als »die politische Dichterin Rosa« – mit einem gezeichneten Stern über dem »O« des Namens –, bei ihrem nachgerade mythischen Begriff von »Dichttum« eine hohe Auszeichnung.

Im April 1920 trägt sie anläßlich des Ersten Bauhaus-Abends in Weimar, mit Walter Gropius unter den Zuhörern, ihre »Hebräischen Balladen« vor. Nicht von jedermann erntet sie Beifall. Als Bert Brecht ein Vierteljahr später eine ihrer Lesungen in München besucht, notiert er: »Ende der Woche höre ich die Else Lasker-Schüler lesen, gute und schlechte Gedichte, übersteigert und ungesund, aber im einzelnen wunderschön. Die Frau ist alt und abgelebt, schlaff und unsympathisch.« Im gleichen Jahr 1920 erscheint bei Paul Cassirer in zweiter Auflage »Der Prinz von Theben« mit dreizehn Zeichnungen der Autorin. Neben weiteren München-Aufenthalten stehen Reisen nach Holland, Belgien und Frankreich sowie nach Konstanz, Köln, Düsseldorf, Elberfeld, Trier, Frankfurt und Darmstadt auf dem Programm – Stationen eines missionarischen Getriebenseins ebenso wie vagantischer Unruhe und wirtschaftlich bedingten Aktivismus. Ein krasser Fall von antisemitischer Anpöbelei widerfährt der Dichterin am 22. Juli 1921 durch Ludwig Thoma im »Miesbacher Anzeiger«. Die Vorgeschichte: Am 7. Juli 1921 hatte Siegfried Jacobsohns »Weltbühne« eine fingierte Beschreibung der Unterhaltungsschriftstellerin Hedwig Courths-Maler über einen angeblichen Besuch Else Lasker-Schülers in ihrem Haus veröffentlicht. Die als harmloser Scherz gedachte Doppelparodie war jedoch zu Jacobsohns Bedauern so sehr ins Geschmacklose abgeglitten, daß die Dichterin sich veranlaßt sah, mit einem Brief darauf zu antworten, der dann, ihrem Wunsch entsprechend, zusammen mit versöhnlichen Worten des Herausgebers, in der nächsten Nummer der »Weltbühne« abgedruckt wurde. Auf diesen Vorfall beziehen sich Ludwig Thomas Ausfälligkeiten. Der kolerische Paradebayer, dessen Hurra-Patriotismus schon zu Beginn des Ersten Weltkriegs Hermann Hesse veranlaßte, sich von ihm zu distanzieren, äußerte sich voller Häme: »Wir wissen kaum, wer die Lasker-Schüler ist, und unsere Leser werden es auch nicht wissen, aber Jacobsohn in Berlin sagt, daß sie die größte Dichterin Deutschlands ist, und der Judassohn sagt es auch.« Daraufhin zitiert er einige tatsächlich stilistisch angreifbare Sätze aus dem Brief der Dichterin und fährt unter Hinweis auf »die Kladerjüdinnen« und »die Saubande«, die mit der Sprache der

Deutschen »Schindluder« treibe und ihre »Häßlichkei-
ten ... durch das Pressegesindel in unsere Muttersprache«
einschmuggle, fort: »Seit zehn und mehr Jahren benützt
die Bande ihre Zeitungsmacht, um den ganzen Bau der
deutschen Sprache zu zerstören und an ihre Stelle das
jiddische Gauner- und Verbrecherkauderwelsch zu set-
zen ... In Berlin hockt das Gesindel zu Hunderten bei-
sammen, das die Sprach-Syphilis einführt, in Frankfurt
ist die ›Frankfurter Zeitung‹ der Bazillenherd, der junge Nachwuchs ist schon zu Dreiviertel angesteckt.«
Solche Worte bedürfen keines Kommentars, um das
Ausmaß eines schon im Deutschland der Weimarer Re-
publik existierenden Antisemitismus sichtbar zu machen, mit dem Else Lasker-Schüler im Grunde zeitlebens konfrontiert war. Ihre zum Teil übersteigerte Apo-
theose des Judentums mit einer sich verstärkenden
Tendenz des Gefühls eigener Auserwähltheit kann als
Antwort darauf gedeutet werden. In der 1921 bei
Cassirer außerhalb der Gesamtausgabe erschienenen
kurzen Erzählung »Der Wunderrabbiner von Barcelona« wird dann auch »ein ganzes Volk, schon seit Jahr-
tausenden gedemütigt«, beschrieben, das mit Eleasar,
seinem weisen und liebevollen höchsten Rabbiner ein
grausames Pogrom erleiden muß. Das mit Zügen des
Märchens und Selbststilisierungen versehene Prosastück,
in dem Amram, »die Judendichterin«, Pablo, den gutar-
tigen Christensohn des intoleranten Bürgermeisters
liebt, liest sich wie die schreckliche Vision des zwanzig
Jahre späteren Holocaust, wenn es heißt: »Und die Juden, die an dem Namen Jehovahs immer von neuem er-
wacht waren, lagen alle verstümmelt, zerbissen, Gesichte
vom Körper getrennt, Kinderhände und Füßlein, zarte-
stes Menschenlaub auf den Gassen umher, in die man
die Armen wie Vieh getrieben hatte.« Am Schluß aber
stürzt die Synagoge mitsamt ihrem Wunderrabbi wie ein
»ungeheurer Steinbruch ... auf die Christen Barcelonas«

herab, »die den letzten gequälten Juden reuevoll zur Ruhe legten ...«

In den folgenden Jahren sind, wie stets, zahlreiche Lesereisen zu verzeichnen und 1927 die schon erwähnte Aufführung der »Wupper« im Berliner Staatstheater. Diesmal waren sogar zwei preußische Minister unter den Besuchern und Publikum sowie Kritik verständnisvoller. Die Autorin wurde sogar als »die große Visionärin unserer Zeit« bezeichnet, und die National-Zeitung lobte das Dichterische ihres Stückes als »so stark, so mächtig, daß es die Zuschauer packt und bis zum Schluß nicht mehr locker läßt.« Dann folgt der Aufruf: »Den Schiller-Preis für Else Lasker-Schüler! Und an Kleistens 150. Geburtstag ein Ruf an die Nation – an alle Freunde der Kunst, die allerärmste, die allerreichste Dichterin deutscher Sprache in ihrer Not nicht versinken zu lassen.«

Große seelische Not brachte ihr das Jahr 1927 mit dem Tod des Sohnes, der am 14. Dezember in Lugano seiner Lungentuberkulose erlag. Ein Schmerz, der sie bis zum Ende ihres Lebens nicht verließ. Doch ihre Lebensenergie scheint unerschöpflich. Noch in der letzten Jerusalemer Zeit war sie »erfüllt von ihrer prophetischen Sendung«, wie Schalom Ben-Chorin berichtet.

Charakter, Mut und Eigenwilligkeit zeigte die Dichterin auch angesichts der politischen Situation in Berlin, wo sich vor Hitlers Machtübernahme Kommunisten und SA blutige Kämpfe lieferten. »Selbst die Nazis fürchte ich nicht«, schreibt sie am 7. Oktober 1930 an den preussischen Kultusminister Adolf Grimme, der sich als ihr »aufrichtiger Verehrer« bezeichnete. Am 4. Februar 1931, nachdem sie in eine der damals häufigen Saalschlachten geraten war, berichtet sie Grimme von einer Oberarm- und Fußverletzung, an der sie noch leide, »so hab ich mich geschlagen mit den Nazis ...«

Ein Streiflicht zum Zeitkolorit: Am 11. Dezember 1930 verhängte die deutsche Filmprüfstelle für das ganze Land

»Wegen Gefährdung der öffentlichen Ordnung« ein Aufführungsverbot für Erich Maria Remarques Antikriegsfilm »Im Westen nichts Neues«, nachdem es schon 1929 bei der Berliner Uraufführung zu von der NSDAP angezettelten Krawallen gekommen war. So schwach erwiesen sich damals bereits die demokratischen Kräfte in Else Lasker-Schülers Heimatland.

Im Februar 1931 überweist die Dichterakademie unter ihrem neuen Präsidenten Heinrich Mann eine Ehrengabe von 1000 Mark an die Autorin, die von ihr aber um »der Ehre willen« nicht angenommen, sondern an drei kranke Künstlerinnen weitergegeben wird. »Ich ernähre mich schon, ich brauche nicht viel – nur das Kino, mein täglicher Kuchen«, ist ihr Kommentar dazu in einem Brief vom 12. Februar an Paul Goldscheider. Am 29. November teilt sie Ruth, der Tochter des Schauspielers Kurt Horwitz mit, sehr krank gewesen zu sein: »Nun bin ich besser und es klappert meine Glasuhr.«

1932 erhält sie, zusammen mit dem österreichischen Schriftsteller Richard Billinger, den Kleist-Preis. Darüber mokiert sich am 18. November der »Völkische Beobachter«, die Zeitung der Nationalsozialisten, die schon als frühere Preisträger »vorwiegend Juden, Halbjuden, Pazifisten, Pasquillanten, Bolschewisten, Nullen, Konfusionsräte, Tendenzlinge und Tantiemenjäger« auszumachen glaubt.

Ebenfalls 1932 erschien bei Rowohlt der Essayband »Konzert« sowie »Arthur Aronymus. Die Geschichte meines Vaters« und unter dem Titel »Arthur Aronymus und seine Väter« das Bühnenmanuskript zu dieser Erzählung.

Mit diesem Buch und dem Schauspiel versucht die Dichterin das klar vorhergesehene Grauen des explodierenden Antisemitismus in ihrer dennoch bis zuletzt geliebten deutschen Heimat zu bannen. »Aus meines geliebten Vaters Kinderjahren« lautet der Untertitel des Stückes, in das auch Kindheitserinnerungen an Erzählungen über die historische Judenverfolgung von 1844 im westfälischen Geseke, dem großväterlichen Geburtsort, miteinverwoben sind, der deshalb auch als »Hexen-Geseke« bezeichnet wurde. Antisemitismus und mörderischer Aberglaube werden im »Aronymus« in eindrucksvollen Bildern beschrieben und ihre psychischen Strukturen ebenso sensibel wie anschaulich bloßgelegt. »In Paderborn war's an der Tagesordnung«, heißt es da, »Teufel auszutreiben. Hexen wurden verbrannt oder eingemauert. Und der Veitstanz war ein von Dämonen besessenes Geschöpf. Und mit Vorliebe plazierten sich die bösen Geister in jungfräuliche Judenleiber.« Und dann, im zweiten Bild des Schauspiels der ahnungsvolle Dialog zweier Kaufleute mit der Feststellung: »Unsere Töchter wird man verbrennen auf Scheiterhaufen! Nach mittelalterlichem Vorbild ... Der Hexenglaube ist auferstanden. Aus dem Schutt der Jahrhunderte. Die Flamme wird unsere unschuldigen jüdischen Schwestern verzehren.« Aber es ist der Bischof von Westfalen, der in dieser versöhnlichen Erzählung seine »irregeleiteten, vom Wege geratenen Schafe« zur Vernunft und »zur Reue und Buße« ermahnt. Von Anfang an sind er und der zum westfälischen Rabbuni stilisierte Großvater der Dichterin gute Freunde, »zwei verbündete Gottgräber.« Beide glauben sie »an den alleinigen, unsichtbaren Herrn, den Ewigen, den König der Welt.« Und so endet diese Dichtung mit den vom Bischof wohlwollend aufgenommenen Worten des klugen Rabbuni, »und beide Herren kamen darüber ein, ›mit einem bißchen Liebe geht's schon, daß Jude und Christ ihr Brot gemeinsam in Eintracht brechen ...‹«

Umso vornehmer ist dieser humanistische Ausklang, als die Autorin durchaus von halluzinativen Schreckbildern antisemitischer Greuel gepeinigt wurde. Heinrich Fischer, der einstige Dramaturg am Berliner Theater »Die

Truppe« erinnerte sich: »Es war im Jahr 1930 und die Dichterin hatte in Hannover eine Vorlesung aus ihrem Werk gegeben. Als sie zurückkam, fragte ich sie: ›Wie war es, Frau Lasker-Schüler?‹ Sie antwortete: ›Furchtbar! Stellen Sie sich vor: ich komme aufs Podium, schaue ins Publikum – und denken Sie, der ganze Saal voll mit dreihundert Metzgergesellen, jeder ein blank geschliffenes Messer in der Hand. Und im nächsten Augenblick stürzen sie auf's Podium, um mich umzubringen.‹ – ›Aber warum, Frau Lasker-Schüler?‹ fragte ich. Sie sieht mich einen Augenblick an und sagt dann nur e i n Wort: ›Antisemitismus ...‹«

Von ihm war wohl auch in Wien, wo Else Lasker-Schüler am 5. Mai 1931 im Arbeiterverein Ottakring las, atmosphärisch genug zu verspüren. Schon der vielgepriesene Wiener Politiker und österreichische Abgeordnete Georg Ritter von Schönerer, dessen Ideen Hitler stark beinflußt hatten, sprach ja von den »jüdischen Preßbestien«, und in den christsozialen »Brigittenauer Bezirks-Nachrichten« der Donaumetropole war bereits am 14.3.1912 von der sozialdemokratischen Presse die Rede, die von »jüdischen Schmierfinken« redigiert würde, von »jüdischen Reptilien« und »Preßungeziefer«.

Am 19. April 1933, ein knappes Vierteljahr nach Hitlers Machtübernahme, emigriert Else Lasker-Schüler in die Schweiz. Sie hält sich in Zürich und zeitweise in Ascona, Bern und Locarno auf. »Ich bin wie in einer kühlen großen Zelle immerzu«, schreibt sie an Paul Leppin: »Wo ist unser buntes Theben, all die Dromedare und Kameele und Silbertauben. Die flattern blind umher – die Korallen ihnen ausgestochen wie mir mein Herz.« Und Hilda Pankok, der Redakteurin des Düsseldorfer »Mittag« gesteht sie: »Ich war so unglücklich und so zerfetzt und verhungert innen und außen.« Sowie: »Ich habe hier in Zürich beständig großes Leid um meinen geliebten Jungen. Zürich war seine Lieblingsstadt in der Schweiz und alles trägt darum, da mir alles dunkel, einen bangen Schattenschleier.« Die ersten Tage »logierte« sie am See. Dann übernimmt der jüdische »Culturbund« ihre Miete im Hospiz. Im September besucht sie mit Klaus und Erika Mann eine Kinovorstellung, und Klaus notiert im Tagebuch: »Lasker-Schüler (gedankenflüchtig und verzweifelt) zeigt hübsche Indianerbildchen, die sie verfertigt, um sich zu beruhigen.«

In den nächsten Jahren versucht sie mehrmals, eine Daueraufenthaltsbewilligung zu erlangen, nachdem man ihr schon am 15. November 1933 durch »Fremdenpolizeiliche Weisung« der Stadt Zürich »die Erwerbstätigkeit als Dichterin ... bis auf weiteres verboten« hatte, bei einer »Buße bis 2000 Fr.« im Falle der Zuwiderhandlung. Einen Tag darauf wird sie tatsächlich »verspäteter Anmeldung und unerlaubter Erwerbstätigkeit« wegen zur Zahlung von 37,10 Fr. »verhalten«.

Übergroß sind die äußeren und inneren Belastungen. Am 12. Dezember 1933 notiert Klaus Mann über die Dichterin: »Ihre echte Zerstörtheit; Spuren legitimen dichterischen Wahnsinns.« Doch Energie und Schaffensdrang sind ungebrochen, auch wenn die schon in Deutschland gehegte Hoffnung auf die Uraufführung des »Aronymus« immer noch unerfüllt bleibt. Am 19. Dezember 1936 endlich geht das Drama in der Regie von Leopold Lindtberg und mit berühmten Darstellern wie Ernst Ginsberg und Kurt Horwitz im Zürcher Schauspielhaus über die Bühne. In der Schweiz aber liefen damals Prophetismus und antibarbarische Beschwörungsformeln ins Leere. Das Stück wurde nach zwei Aufführungen abgesetzt, nachdem Jakob Welti zum Ärger der Autorin in der »Neuen Zürcher Zeitung« befand: »Das Bekenntnis Else Lasker-Schülers zur konfessionellen Toleranz in Ehren, aber so dick aufgetragen hätte sie es uns denn doch nicht demonstrieren brauchen; man kann uns Schweizern in solchen Dingen keine derartige Schwerhörigkeit nachsagen, daß es dieses Winkes mit dem Holzschlegel bedurft hätte, um sich Aufmerksamkeit zu verschaffen.«

Die Kritisierte hatte damals bereits ihre erste Reise nach Alexandria und Palästina unternommen, zu der sie im März 1934 aufgebrochen war, um im Juli wieder in die Schweiz nach Zürich und Ascona zurückzukehren, wo sie mit der Arbeit an dem umfangreichen Prosawerk »Das Hebräerland«, dem phantasievollen Bericht über ihre Orientreise begann.

Das Buch erscheint im März 1937 im Oprecht Verlag in Zürich mit acht Zeichnungen der Autorin; Bilder einer Luxusausgabe werden von ihr handkoloriert. Zur gleichen Zeit ist die Kantonale Fremdenpolizei der »deutschen Reichsangehörigen« auf den Fersen und verfügt am 23. März ihre Ausweisung. Else Lasker-Schülers Kampf um die Aufenthaltsbewilligung nimmt an Heftigkeit zu. Um nicht gegen das Verbot schriftstellerischer Erwerbstätigkeit zu verstoßen, behauptet sie, »Das Hebräerland« in Berlin geschrieben zu haben. Dorthin geht immer noch ihre Sehnsucht, der sie sich mehr und mehr überläßt. Sie bewohnt im Hotel »Seehof« an der Schiffslände ein winziges Zimmer und beginnt, ihre »Tagebuchzeilen aus Zürich« zu schreiben. Ablenkung sucht sie im Kino oder im »Café Select«, der ersatzweisen »Urenkeltochter des Romanischen Cafés«, wo sie hin und wieder ein paar alte Freunde trifft. »Lullende Radiomusik wiegt unsere Emigration leise ein«, notiert sie und »Unentwegter Müßiggang mit Traurigkeit vermischt, ergiebt Geduld.« Tief enttäuscht ist sie, daß die erhoffte und vom Zürcher Schauspielhaus zunächst auch geplante Aufführung ihres »Wupper«-Schauspiels nicht zustande kommt und »Das Hebräerland« in Europa wie in Palästina zwar besprochen wird, doch bei der Kritik kaum Gnade findet. Im 4. Heft der »Internationalen Literatur« von 1938 konnte sie über das Buch, das wiederum unter dem Zeichen eines friedlichen Zusammenlebens von Mohammedanern, Juden und Christen steht, lesen: »Eine Verspieltheit, die ihre bunten Eindrücke wie in einer Schürze einsammelt und kaleidoskopartig durcheinanderschüttelt, mag sehr reizvoll sein – aber man verspielt nicht sein bestes Dichterrecht, das Recht auf Haß und Abscheu für den Unterdrücker.« Von heutiger Warte aus gelesen ist »Das Hebräerland« ein utopischer Bilderteppich, den die Wirklichkeit Lügen straft. Trotz der »verschiedenartigsten morgenländischen und abendländischen Völker und Religionen«, schreibt Else Lasker-Schüler, »geht hier Jude und Christ, Mohammedaner und Buddhist Hand in Hand.« In euphorischer Berufung auf mosaische Religionstradition bezeichnet sie Jerusalem als »Gottes verschleierte Braut«, und sie weiß, »Gott hat Jerusalem lieb«, es ist »das gebenedeite Land« und »Urgestein«, nach dem sie bald wieder »brennende Sehnsucht« haben wird. Sie führt den Leser durch Jerusalems Straßen und nach Tel-Aviv, pilgert mit ihm zum Garten Gethsemane und zeigt ihm Rehavia, die kleine jüdische Kolonie, in der sie wohnt. Miteingeflossen in diesen Hymnus eines »urverwandten« Landes ferner Herkunft sind Erinnerungen an die Kindheit, die Eltern und das unvergessene Wuppertal. Trotz der Überfälle von Arabern auf jüdische Siedlungen schreibt sie: »Im Herzensgrunde habe ich das arabische Volk unverhetzt lieb im Lande Palästina.« Gott, verkündet sie, »schuf n u r Paradies, das sich verfinsterte im Nachlassen der – Liebe.« Beim Durchstreifen von »Gottes Lieblingsstadt« wird ihr zur Gewissheit, daß »Abweichen von Gottes Plan Gleichgewichtsstörungen nach sich zieht. Und sich Verirren bedeutet Verfinstern, und Finsternis führt in den Abgrund, aber die Liebe zur Weltenordnung – ins ewige Licht.«

Im Juni 1937 tritt sie ihre zweite Palästinareise an. Von der italienisch-schweizerischen Schiffahrtsgesellschaft

»Lloyd Triestino« erhält sie die Passage 1. Klasse ab
Triest zum Geschenk. Auf dem Schiff genießt sie die dort
gebotenen Filmvorführungen, bei denen auf der Lein-
wand häufig auch der Duce zu bewundern ist, für den
sie schwärmt. Man muß bei der emotionalen Ungebär-
digkeit Else Lasker-Schülers auf vieles gefaßt sein, auch
auf ihre Mussolini-Begeisterung. Sie behauptete sogar,
bei ihrer ersten Reise ins Heilige Land, 1934, in Rom
vom Duce empfangen worden zu sein und auf seinem
Schreibtisch ihre Werke entdeckt zu haben. »Ich rate Ihnen« schrieb Heinrich Mann ihr am 23. Oktober 1937
aus Nizza dazu, »behalten Sie Ihr wunderliches und
schönes Erlebnis für sich.«
Schon am 16. Juni 1937, als sie in Jerusalem angekom-
men war, muß ihre psychische Verfassung sehr labil gewesen sein. Scholem Ben-Chorin, der sie sogleich im alten Hotel »Vienna« aufgesucht hatte, erinnerte sich noch
1945 daran: »Ich muß gestehen, daß der erste persönliche Eindruck der Frau, deren Verse ich tief verehre, ein
erschütternder war. Ein müder Mensch, dessen Antlitz
von zerstörter Schönheit zeugte und in dessen großen
schwarzen Sulamith-Augen der Wahnsinn aufloderte,
saß mir gegenüber. Es war eigentlich kein Sitzen, sondern mehr ein Kauern. Ich wurde stark an wahrsagende
Zigeunerinnen erinnert, ja dieser Eindruck wurde durch
die exzentrische Kleidung der Frau – Pelzmütze im drük-
kend-heißen Sommer und übergroße korallrote Ohrrin-
ge – noch erhöht. Etwas Müdes, Gehetztes, von namen-
loser Furcht Getriebenes beherrschte diese [kein anderes Wort ist hier tauglich] gequälte Kreatur.«
Wieder kehrt sie in die Schweiz zurück, wo sie sich am
4. September in Zürich anmeldet. Und wieder werden
Kantonale und Städtische Polizei mit zermürbenden
»Erhebungen« aktiv.
Im Jahr darauf, am 14. Juli 1938, beantragt in Deutschland die »Geheime Staatspolizei« beim »Reichsführer SS

und Chef der Deutschen Polizei im Reichsministerium des Innern« die Aberkennung der deutschen Staatsangehörigkeit für Else Lasker-Schüler. »Die jüdische Emigrantin«, heißt es in dem Schreiben, »war die typische Vertreterin der in der Nachkriegszeit in Erscheinung getretenen ›emanzipierten Frauen‹. Durch Vorträge und Schriften versuchte sie, den seelischen und moralischen Wert der deutschen Frau verächtlich zu machen.« Ferner habe sie, wird behauptet, in Zürich »ihre deutschfeindliche Einstellung durch Verbreitung von Greuelmärchen zum Ausdruck« gebracht. Am 26. September erscheint ihr Name mit dem von Walter Hasenclever auf der Ausbürgerungsliste des deutschen »Reichsanzeigers.«

Ihre Mittellosigkeit dokumentiert ein Schreiben vom 10. Juni 1938, in dem der »Verband der Schweizer Israelitischen Armenpflege« dem Eidgenössischen Justiz- und Polizeidepartement in Bern versichert, »für die Lebenskosten der Frau Else Lasker-Schüler während ihres Aufenthaltes in der Schweiz« aufzukommen.

Ihre Ausbürgerung nötigt die Schweizer Fremdenpolizei, das »Aufenthaltsverhältnis« der lästigen Person, die bis dahin bereits mehrere schikanöse Bürokratieentscheide sowie Geldbußen wegen verspätet eingereichter Petitionen zu ertragen hatte, neu zu regeln. Man holte dazu auch das Urteil des Schweizerischen Schriftsteller-Vereins über sie ein. Am 2. November 1938 antwortet deren Rechtsanwalt Dr. Karl Naef, daß der Detektiv der Fremdenpolizei, ein Herr Rusterholz, zweifellos Recht habe, »wenn er auf die geistige Sonderbarkeit von Frau Else Lasker-Schüler« hinweise, die »in allen Dingen des Lebens und der Kunst eine Phantastin« sei, wobei diese »geistige Absonderlichkeit« sie aber gerade »zu einer eigenartigen und sicherlich bedeutenden Dichterin gemacht« habe. Der Anwalt empfiehlt: »Eine gewisse Ritterlichkeit, gerade dieser Frau gegenüber, nötigt einzuwilligen, daß ihr auch weiterhin die Erlaubnis zur Berufsausübung als Schriftstellerin erteilt wird.« Diese Erlaubnis aber sollte auf ein Jahr befristet und der Fall dann erneut untersucht werden.

»Ich bin zu Grunde gegangen vor innerer Einsamkeit«, schreibt sie am 12. Dezember 1938 an Rechtsanwalt Emil Raas, ihren Berner Fürsprecher. Gesundheitlich stark angegriffen, setzt sie ihre Hoffnung auf eine weitere Reise nach Jerusalem. Ende März 1939 trifft sie zum dritten Mal dort ein, völlig erschöpft durch eine strapaziöse Überfahrt in einer Kabine mit fünf Frauen, »entsetzlich fast alle.« Ihren Aufenthalt hatte sie nur für einige Monate geplant, doch es blieb eine Reise ohne Wiederkehr. Die Eidgenössische Fremdenpolizei lehnte ihr Gesuch um erneute Aufenthaltsbewilligung in Zürich ab, und dann kam es zum Ausbruch des Zweiten Weltkriegs. Sie spricht von ihrer »Lebensangst«; denn auch in Jerusalem ist sie auf Fürsprecher und Gönner angewiesen. Dankbar empfundene Hilfe erfährt sie vom Verleger Salman Schocken und dessen Frau Lilly, die 1933 nach Palästina eingewandert waren.

1940/41 beginnt sie mit der Arbeit an ihrem letzten Schauspiel »IchundIch«, das als Teil eines geplanten zweiten Palästinabuches mit dem Titel »Tiberias« konzipiert ist. Am 20. Juli 1941 liest sie zum ersten Mal im Berger-Club von Jerusalem aus diesem Drama, einer modernen Tragödie der Ich-Spaltung, deren klassische Form schon in Goethes »Faust« zum Ausdruck kam, dessen Zweiseelenformel in »IchundIch« teils parodiert, im Grunde aber ernst genommen wird. Die Dichterin, der »die Welt in Splitter« brach, agiert dabei auf diversen Bewußtseinsebenen, die ihr Herz zur »Bühne« haben. Die sechsaktige dramatische Dichtung mit Vor- und Nachspiel ist ihrer Vielschichtigkeit und ihres Personenreichtums wegen, zu dem auch die in der Hölle auftretenden Hitler und Göring gehören, für die Bühne

nur schwer einzurichten. Erlösungssehnsucht und Ich-
findungshoffnung waren die Antriebskräfte zu diesem Altersdrama, in dem das untergegangene, »edle«
Deutschland beschworen und der Teufel als Schicksals-
bruder des Menschen gesehen wird, da er wie dieser aus
dem Paradies vertrieben und der Gnade Gottes anheim-
gegeben ist. Darum kann in »IchundIch« Mephisto sagen:

> »Doch meine Ichgestalt, zerteiltes Urgetier,
> Beschert ein neues Leben mir –
> Und durch das wiederum Entfalten
> des Ich und Ich
> Komm ich geklärt und pfingsgeläutert ich – zu mir!«

Das Schauspiel wurde seiner kompositorischen Unfer-
tigkeit und Grammatikverstöße wegen zunächst nicht
veröffentlicht und fehlt deshalb auch in den meisten
Werkausgaben. Dafür aber erschien 1943 in kleiner Auflage bei Moritz Spitzer in Jerusalem Else Lasker-Schülers letzter Lyrikband »Mein blaues Klavier«. Das späte
Titelgedicht drückt die Ausgesetztheit der Dichterin in
der Barbarei ihrer Zeit ebenso aus wie ihre metaphysi-
sche Hoffnung:

> »Ich habe zu Hause ein blaues Klavier
> Und kenne doch keine Note.
>
> Es steht im Dunkel der Kellertür,
> Seitdem die Welt verrohte.
>
> Es spielen Sternenhände vier
> – Die Mondfrau sang im Boote –
> Nun tanzen die Ratten im Geklirr.
>
> Zerbrochen ist die Klaviatür …
> Ich beweine die blaue Tote.

Ach liebe Engel öffnet mir
– Ich aß vom bitteren Brote –
Mir lebend schon die Himmelstür –
Auch wider dem Verbote.«

Schon Ende 1941 hatte Else Lasker-Schüler in Jerusalem die Vortragsvereinigung »Der Kraal« ins Leben gerufen, für die sie viel Zeit opferte und in der auch junge, noch unbekannte Autoren zu Wort kamen. Auch Martin Buber, mit dem sie früher Auseinandersetzungen hatte, schätzt sie nun. Wo immer möglich, liest sie aus ihren Werken, so auch mehrmals in Haifa. An eine dieser Veranstaltungen, in der sie wie üblich in extravaganter Kleidung auftrat, erinnert sich der Rechtsanwalt Friedrich Sally Grosshut: »Wir blickten in ein Gesicht, dessen Alter unerratbar schien. Es war beherrscht von glühenden Augen aus Kohle, von unbeschreiblicher Schönheit. Die Augen waren in ständiger Bewegung, leuchteten verwirrend und überhellten das verwitterte Gesicht mit unfaßbarer Jugend. Wir waren sprachlos. Vor uns saß ein leibhaftiger Kobold, entstiegen einem Märchen. Ein Kobold von unbeschreiblicher Grazie.«
Und noch immer ist sie fähig, sich leidenschaftlich zu verlieben wie ein junges Mädchen. Darauf einmal angesprochen und gefragt, wie alt sie eigentlich sei, antwortete sie ernst: »Achtzehn – und Zweitausend!«
In ihrem ärmlichen Jerusalemer Zimmer bereitet sie sich ihre kargen Mahlzeiten selbst. Ein Tischchen mit Schreibmaschine, Wasserfarben und Blumen, selbstgefertigte Puppen, eine Waschschüsssel sowie an der Wand ein Spielzeugkasten sind darin zu finden, kein Bett, dafür unter bunter Decke mit einem Talisman-Püppchen ein Liegestuhl. Als ein ihr befreundeter arbeitsloser Pianist durch ein Auto verletzt wurde, berichtet Rachel Katinka, brachte sie ihn »in ihr Zimmer, bettete ihn auf ihren Liegestuhl und schlief selbst auf dem Fußboden. Es waren gerade die schweren Winternächte in Jerusa-

lem, und sie besaß keinen Ofen.« Sie kann selber nicht arm genug sein, um nicht beim Anblick eines Bettlers auf der Gasse umzukehren, ein Kuchenpäckchen zurechtzumachen und es ihm höflich zu überreichen. Das Schicksal eines Schuhputzers, dessen Kind gestorben ist, macht sie ebenso traurig wie die Nachricht vom Selbstmord Stefan Zweigs. Dann wieder ist sie, ständig alle Zeitebenen durcheinanderwirbelnd und den nahen Tod angstvoll von sich schiebend, ganz in sich selbst versunken, ihren Gesichten und Dämonen ausgeliefert und teilnahmslos für das Leben anderer. Doch auch in ihrem Solipsismus erkennt sie leidvoll: »Und ich bin unbegreiflich meinen Freunden/ Und ganz fremd geworden.«
Als es gesundheitlich schon sehr schlecht um sie steht, sagt sie zu Werner Kraft, einem ihrer letzten Freunde: »Mit mir geht es zu Ende, ich kann nicht mehr lieben ...«
Am 16. Januar 1945 erleidet sie einen schweren Herzanfall und wird in das alte Jerusalemer Hadassa-Krankenhaus auf dem Skopus eingeliefert. Trotz starker Morphiumdosen wiederholen sich die sehr schmerzhaften Anfälle in zehnminütigen Abständen. Endlich wird die Atmung ruhiger. Am 22. Januar, morgens um 7.25 Uhr, stirbt sie ganz leise, kampflos und in großer Ruhe. Diagnose: Angina Pectoris. Am 23. Januar wird sie auf dem Ölberg beigesetzt. Freunde sprechen das Kaddisch. Der Rabbiner Kurt Wilhelm, der die Beisetzungsfeierlichkeiten leitet, rezitiert vor etwa 60 Trauergästen aus ihrem letzten Sammelband »Mein blaues Klavier« das Gedicht »Ich weiß«:

»Ich weiß, daß ich bald sterben muß
Es leuchten doch alle Bäume
Nach langersehntem Julikuß –

Fahl werden meine Träume –
Nie dichtete ich einen trüberen Schluß
In den Büchern meiner Reime.

Eine Blume brichst du mir zum Gruß –
Ich liebte sie schon im Keime.
Doch ich weiß, daß ich bald sterben muß.

Mein Odem schwebt über Gottes Fluß –
Ich setze leise meinen Fuß
Auf den Pfad zum ewigen Heime.«

Das Grab der Dichterin fällt in den frühen sechziger Jahren wie viele Gräber des jüdischen Friedhofs unter jordanischer Verwaltung von Jerusalem dem Bau einer Schnellstraße und des Hotels »Intercontinental« zum Opfer. Der dabei verloren gegangene Grabstein wurde wiedergefunden.

Zeittafel

1869   Elisabeth (Else) Schüler am 11. Februar als Kind jüdischer Eltern in Elberfeld geboren.

1880   Nach Volksschule Lyzeum in Elberfeld – wegen Erkrankung (Veitstanz) baldige Beendigung der Schulzeit und Hauslehrererziehung.

1882   Tod des Lieblingsbruders Paul.

1890   Am 27. Juli Tod der Mutter.

1894   Am 15. Januar Eheschließung mit dem Arzt Dr. Jonathan Berthold Lasker in Elberfeld mit anschließendem Umzug nach Berlin.

1895/96 Malunterricht bei Simon Goldberg und Arbeit im eigenen Atelier im Tiergartenviertel, Brückenallee 22.

1897   Am 3. März Tod des Vaters.

1898/99 Begegnung mit Peter Hille.

1899   Erste Gedichte werden veröffentlicht – am 24. August Geburt des Sohnes Paul.

1902   Gedichtband »Styx«.

1903   Scheidung von Berthold Lasker am 11. April – Heirat am 30. November mit Georg Levin (= Herwarth Walden).

1904   Tod Peter Hilles am 7. Mai.

1905   Zweiter Gedichtband »Der siebente Tag«.

1906   »Das Peter Hille-Buch«.

1909   Schauspiel »Die Wupper«.

1911   »Briefe nach Norwegen« in der Zeitschrift »Sturm« – als Buch erscheinen die Briefe 1912 unter dem Titel »Mein Herz«.

1912   Scheidung von Herwarth Walden am 1. November – Begegnung mit Gottfried Benn – Franz Marc setzt Lasker-Schülers Gedicht »Versöhnung« in Zeichnung um.

1913   Essayband »Gesichte« – »Hebräische Balladen« – Persönliche Begegnung mit Franz Marc – die ersten fünf Briefe an den »Blauen Reiter« erscheinen in der Zeitschrift »Aktion«, später als Buch »Der Malik« – Spendenaufruf von Karl Kraus in der »Fackel« für E.L.S. – im November wegen Johannes Holzmann (der

	1914 in russischem Gefängnis stirbt) Reise nach Petersburg und Moskau.
1914	Gedichtband »Meine Wunder« – »Der Prinz von Theben« – im März Begegnung mit Georg Trakl, der am 3. November im Garnisonshospital Krakau stirbt.
1916	Am 4. März fällt Franz Marc, am 5. Juni Peter Baum als Soldat.
1917	»Die Gesammelten Gedichte« – wie stets Lesereisen und Veröffentlichung von Gedichten und Porträtskizzen in verschiedenen Zeitschriften.
1919	»Die Wupper« im Deutschen Theater Berlin in einer Matinee uraufgeführt (Regie Heinz Herald) – während Aufenthalten in der Schweiz anonyme Anzeigen der Dichterin wegen Umgangs »mit kommunistischen Kreisen«.
1920	Zehnbändige Werkausgabe erscheint im Verlag Paul Cassirer in Berlin.
1921	»Der Wunderrabbiner von Barcelona« außerhalb der Gesamtausgabe veröffentlicht – Ludwig Thomas antisemitischer Angriff.
1925	»Ich räume auf! Meine Anklage gegen meine Verleger.«
1927	»Die Wupper« am 15. Oktober im Berliner Staatstheater aufgeführt (Regie Jürgen Fehling) – am 14. Dezember Tod des Sohnes Paul in Lugano.
1932	Essayband »Konzert« – Erzählung »Arthur Aronymus. Die Geschichte meines Vaters« – Kleist-Preis (zusammen mit Richard Billinger).
1933	Am 19. April Emigration in die Schweiz (Zürich und Ascona) – Beginn des Kampfes um Daueraufenthaltsgenehmigung.
1934	Im März erste Reise nach Alexandria und Palästina – im Juli in der Schweiz Arbeitsbeginn an »Das Hebräerland«.
1936	Am 19. Dezember Premiere des nach der Erzählung geschriebenen Schauspiels »Arthur Aronymus und seine Väter« am Zürcher Schauspielhaus (nur zwei Vorstellungen).
1937	»Das Hebräerland« erscheint in Zürich – im Juni zweite Reise nach Palästina.
1938	Ausbürgerung aus dem Deutschen Reich.
1939	Im April dritte Palästina-Reise – geplante Rückkehr

von Jerusalem in die Schweiz nicht mehr möglich – im September Beginn des Zweiten Weltkriegs.

1940/41 Arbeit am Schauspiel »IchundIch«.

1941 Im Juli in Jerusalem erste Lesung aus »IchundIch« – Gründung des Vortragszirkels »Der Kraal«.

1943 Letzter Gedichtband »Mein blaues Klavier« erscheint mit einer Auflage von nur 330 Exemplaren in Jerusalem.

1945 Am 22. Januar stirbt Else Lasker-Schüler im Hadassa-Krankenhaus in Jerusalem. Beisetzung auf dem Ölberg.

Quellen und Literatur

I. Quellen

Else Lasker-Schüler. Gesammelte Werke in drei Bänden, München, Kösel-Verlag, 1962
Else Lasker-Schüler. Gesammelte Werke in drei Bänden, Frankfurt a.M., Suhrkamp-Verlag, 1996
Else Lasker-Schüler. Werke und Briefe. Kritische Ausgabe, Frankfurt, Jüdischer Verlag, 1996

II. Literatur (in knapper Auswahl)

Ginsberg, Ernst (Hg.). Else Lasker-Schüler. Dichtungen und Dokumente. Gedichte, Prosa, Schauspiel, Briefe. Zeugnis und Erinnerung, München, Kösel-Verlag o.J. Mit Beiträgen u.a. von Schalom Ben-Chorin, Ludwig von Ficker, Heinrich Fischer, Ernst Ginsberg, F.S. Grosshut, Peter Hille, Rachel Katinka, Karl Kraus, Max Rychner.
Klüsener, Erika. Else Lasker-Schüler, Reinbek bei Hamburg, Rowohlt Taschenbuch, 1996
Klüsener, Erika/Pfäfflin, Friedrich (Hg.). Else Lasker-Schüler 1869–1945, Marbach a.Neckar, Marbacher Magazin (Deutsche Schillergesellschaft) 71/1995. Mit dem Beitrag: Else Lasker-Schüler in den Tagebüchern von Werner Kraft 1923–1945. Ausgewählt von Volker Kahmen.
Kraft, Werner. Else Lasker-Schüler. Eine Einführung in ihr Werk und eine Auswahl, Wiesbaden, Franz Steiner Verlag, 1951
Schmid, Michael (Hg.). Lasker-Schüler. Ein Buch zum 100. Geburtstag der Dichterin, Wuppertal, Peter Hammer Verlag, 1969. Mit Beiträgen u.a. von Schalom Ben-Chorin, Tankred Dorst, Paul Goldscheider, Leopold Lindtberg, Michael Schmid, Heinz Thiel.

Inhalt

KÖPFE DES 20. JAHRHUNDERTS

Kleine Biographien großer Zeitgenossen

Jeder Band zwischen 96 und 112 S., DM 12,80

KÖPFE DES 20. JAHRHUNDERTS

Ingeborg Bachmann	Siegfried Lenz
Gottfried Benn	Georg Lukács
Thomas Bernhard	Klaus Mann
Heinrich Böll	Thomas Mann
Hermann Broch	Christian Morgenstern
Joseph Conrad	Heiner Müller
Alfred Döblin	Carl von Ossietzky
Friedrich Dürrenmatt	Karl R. Popper
Lion Feuchtwanger	Marcel Proust
Gertrud von le Fort	Max Reinhardt
Max Frisch	Erich Maria Remarque
Federico Garcia Lorca	Rainer Maria Rilke
Stefan George	Nelly Sachs
Günter Grass	Antoine de Saint-Exupéry
Gerhart Hauptmann	Arno Schmidt
Ernest Hemingway	Arthur Schnitzler
Theodor Heuss	Anna Seghers
Georg Heym	John Steinbeck
Uwe Johnson	Kurt Tucholsky
James Joyce	Robert Walser
Ernst Jünger	Jakob Wassermann
Erich Kästner	Frank Wedekind
Franz Kafka	Peter Weiss
Martin Luther King	Ludwig Wittgenstein
Heinar Kipphardt	Gabriele Wohmann
Sarah Kirsch	Christa Wolf
Wolfgang Koeppen	Virginia Woolf
Else Lasker-Schüler	Carl Zuckmayer
	Stefan Zweig

EDITION COLLOQUIUM

Postfach 61 04 94 · 10928 Berlin
Tel.: 030/691 70 73 · Fax: 030/691 40 67